Interaction

Langue et culture

Neuvième édition

Cahier d'activités orales et écrites

Susan St. Onge
Christopher Newport University, Emerita

Ronald St. Onge
College of William and Mary, Emeritus

Jocelyne Morel-Brant
George Washington University

 **CENGAGE**

Australia • Brazil • Mexico • Singapore • United Kingdom • United States

ISBN-13: 978-1-133-93443-1
ISBN-10: 1-133-93443-9

Cengage
20 Channel Street
Boston, MA 02210
USA

Cengage is a leading provider of customized learning solutions with employees residing in nearly 40 different countries and sales in more than 125 countries around the world. Find your local representative at: **www.cengage.com.**

Cengage products are represented in Canada by Nelson Education, Ltd.

To learn more about Cengage platforms and services, register or access your online learning solution, or purchase materials for your course, visit **www.cengage.com.**

Printed at CLDPC, USA, 10-19

Table des matières

CHAPITRE 1

Le commerce et la consommation

Activités orales

Pour mieux comprendre

 CD1-2

Pour préparer un repas. Ecoutez attentivement la conversation entre Marc et Anne-Marie, son amie française, puis faites les exercices suivants. Vous pouvez écouter la conversation plusieurs fois, si cela est nécessaire.

A. Compréhension générale. Cochez (✓) la réponse correcte aux questions suivantes.

☐ oui	☐ non	**1.** Est-ce que Marc va inviter Anne-Marie à déjeuner?
☐ oui	☐ non	**2.** Est-ce que Marc sait bien faire la cuisine?
☐ oui	☐ non	**3.** Ils vont dîner chez Anne-Marie?
☐ oui	☐ non	**4.** Anne-Marie est enthousiaste?
☐ oui	☐ non	**5.** Est-ce qu'ils vont faire leurs provisions à l'épicerie?
☐ oui	☐ non	**6.** Est-ce qu'ils vont commencer par une quiche?
☐ oui	☐ non	**7.** Est-ce qu'ils vont boire de la bière avec le repas?
☐ oui	☐ non	**8.** Est-ce que Marc va servir des pommes de terre?
☐ oui	☐ non	**9.** Est-ce qu'ils vont manger un gâteau au dessert?
☐ oui	☐ non	**10.** Est-ce que Marc refuse l'aide d'Anne-Marie?

B. Choisissez la bonne réponse. D'après cette conversation, choisissez la bonne réponse pour compléter les phrases suivantes.

1. Le dîner va être (excellent / mémorable / rapide / délicieux).

2. Marc et Anne-Marie achètent leurs provisions (à l'épicerie / à la boucherie / au supermarché / à la fromagerie).

3. Ils vont manger (une soupe de tomate / une omelette au jambon / du poulet rôti / des haricots).

4. La préparation du repas est (compliquée / longue / originale / simple).

5. Marc et Anne-Marie sont (Canadiens / végétariens / enthousiastes / désagréables).

C. Compréhension détaillée. Ecoutez la conversation encore une fois. Complétez les phrases suivantes pour résumer les détails les plus importants du dialogue.

1. Marc invite Anne-Marie à _____.

2. Pour commencer, Marc va préparer _____.

3. Ensuite, ils vont manger _____.

4. Ils vont boire (*to drink*) du _____.

5. Marc et Anne-Marie vont aller _____.

🔊 CD1-2

D. Repérage grammatical. Voici plusieurs formes verbales entendues au cours de la conversation précédente. Pour chacune des phrases suivantes, cochez le temps des formes verbales correspondant.

	PRÉSENT	FUTUR PROCHE
1. Je vais t'inviter.	_____	_____
2. Je ne résiste pas.	_____	_____
3. Le dîner va être mémorable.	_____	_____
4. J'ai besoin de provisions.	_____	_____
5. Nous allons manger de la quiche.	_____	_____
6. J'ai justement une bouteille de vin.	_____	_____
7. Je vais aussi préparer un poulet rôti.	_____	_____
8. Nous allons au supermarché!	_____	_____
9. Je vais t'aider.	_____	_____
10. Je ne refuse pas.	_____	_____

E. A vous! Utilisez le futur proche des verbes entre parenthèses pour compléter les phrases suivantes.

1. Est-ce que Marc _____ la cuisine? (faire)

2. Marc dit: «Nous _____ un dîner mémorable.» (faire)

3. Il ajoute (*adds*): «Je _____ un grand repas!» (préparer)

4. Est-ce que le repas de Marc _____ traditionnel? (être)

5. Est-ce qu'ils _____ par une soupe? (commencer)

🔊 CD1-3

F. Un petit test sur l'alimentation. Vous allez entendre des séries de mots. Pour chaque série, écrivez le mot qui n'est pas logique.

> MODELE   VOUS ENTENDEZ: les pêches, les fraises, les pommes, les poivrons
> VOUS ÉCRIVEZ: *les poivrons*

1. _____   6. _____

2. _____   7. _____

3. _____   8. _____

4. _____   9. _____

5. _____

A vous la parole!

🔊 CD1-4

G. Qu'est-ce que vous aimez? Vous parlez avec un ami / une amie de ce que vous aimez manger et des endroits où vous préférez faire les courses. Pour chaque groupe d'éléments, dites si vous aimez bien ou si vous détestez la catégorie correspondante.

Catégories: la charcuterie, les légumes, les fruits, les produits laitiers, le pain, les pâtisseries, les grandes surfaces, les commerces de proximité, les hypermarchés

> MODELE   VOUS ENTENDEZ: Vous aimez les magasins comme Super Walmart et Costco?
> VOUS DITES: *Oui, j'aime bien les hypermarchés.*
> ou *Non, je déteste les hypermarchés.*

(Numéros 1 à 8)

🔊 CD1-5

H. Les expressions idiomatiques. Corinne n'a pas toujours de bonnes habitudes quand elle fait ses achats. Utilisez l'expression idiomatique appropriée pour compléter chaque phrase.

Expressions: acheter des choses sur un coup de tête, faire son marché, payer en espèces, faire des courses, avoir besoin de (d'), faire des économies

> MODELE   VOUS ENTENDEZ: Corinne achète souvent des choses qu'elle n'a pas l'intention d'acheter.
> VOUS COMPLÉTEZ: Elle a tendance à *acheter des choses sur un coup de tête.*
> VOUS DITES: *Elle a tendance à acheter des choses sur un coup de tête.*

1. Mais, maintenant elle va _____.

2. Elle va _____.

3. Elle va _____.

4. Elle va _____ farine et de chocolat.

5. Elle va _____.

🔊 CD1-6

I. Faire les courses. Beaucoup de Français préfèrent encore acheter leurs produits alimentaires dans les magasins du quartier plutôt que dans les supermarchés. D'après la liste de commerces proposés, indiquez où on peut acheter les produits suivants.

Commerces: la boucherie, la boulangerie, la charcuterie, la fromagerie, l'épicerie, la pâtisserie

> **MODELE**   VOUS ENTENDEZ: du chèvre
>
> VOUS DITES: *On achète du chèvre à la fromagerie.*

(Numéros 1 à 10)

🔊 CD1-7

J. Les préférences. En préparation pour le dîner français, vous prenez des notes sur les goûts et les préférences de chacun des invités. Faites une phrase complète pour dire leurs préférences.

> **MODELE**   VOUS ENTENDEZ: Est-ce que Paul préfère le bœuf ou le jambon comme viande?
>
> VOUS LISEZ: Paul / préférer / le bœuf
>
> VOUS DITES: *Paul, il préfère le bœuf comme viande.*

1. Solange / préférer / le jambon

2. Gustave / adorer / les aubergines *(eggplant)*

3. Richard et Marthe / détester / le chou-fleur

4. Claudine / détester / les oignons

5. D'habitude, Vincent / commander / des pommes de terre

6. D'habitude, Lisette et Sylvie / commander / du poisson

7. Eugène / acheter rarement / de l'eau minérale

8. Corinne et André / manger / très peu de pain

🔊 CD1-8

K. Le dîner français. Votre classe décide de préparer un dîner français et vous êtes responsable de l'organisation. Assignez à chacun sa tâche d'après l'information donnée. Utilisez l'impératif.

> **MODELE**   VOUS LISEZ: Louise
>
> VOUS ENTENDEZ: acheter du fromage
>
> VOUS DITES: *Louise, achète du fromage!*

1. Monique et Simon

2. Yves

3. Georges

4. votre professeur

5. Chantal et Maurice

6. Marguerite

CD 1-9

Proverbe

Vous allez entendre un proverbe de Molière, un grand dramaturge français du 17ᵉ siècle. Choisissez la phrase qui explique le sens de ce proverbe.

> Il faut manger pour vivre *(to live)* et non pas vivre pour manger. (Molière, *L'Avare*)

a. Il est utile de manger beaucoup.

b. Plus on mange, mieux on vit *(lives).*

c. Il faut manger modérément pour vivre bien.

d. Le plaisir de vivre, c'est de manger.

 CD1-10

Prononcez bien!

La syllabation

Il y a une différence entre la syllabation graphique (à l'écrit) et la syllabation phonique (à l'oral).

La syllabation graphique

Lorsqu'on épelle un mot ou lorsqu'on doit en séparer les syllabes à l'écrit, certaines règles s'appliquent.

1. Une syllabe graphique est composée d'au moins une voyelle ou une voyelle composée.

   MODELES   m<u>e</u>r m<u>è</u>/re   m<u>ai</u>/re

2. Une syllabe graphique est composée généralement d'une consonne et d'une voyelle.

   MODELE   fa/ri/ne

3. Une syllabe graphique peut être composée d'une seule voyelle au début d'un mot.

   MODELE   <u>é</u>/prou/ver

4. La consonne finale d'un mot fait partie de la dernière syllabe.

   MODELE   ya/our<u>t</u>

5. Quand il y a deux ou plusieurs consonnes, on coupe avant la dernière consonne.

   MODELES   con/so<u>m</u>/<u>m</u>a/teur   i<u>n</u>s/<u>t</u>an/ta/né

CD1-11

A votre tour!

A. Découpez ces mots en syllabes graphiques et comptez-les.

1. acheter

2. pâtisserie

3. charcuterie

4. habillement

5. artisanat

6. mondialisation

7. litre

 CD1-12

La syllabation phonique

Une syllabe phonique est un son dont le noyau est une voyelle.

1. Une syllabe phonique peut n'avoir qu'un son vocalique.

   MODELE   eau [o][1]

2. Les syllabes écrites ne correspondent pas nécessairement aux syllabes orales. Le **e** à la fin d'un mot est normalement muet; de même, la lettre **e** à l'intérieur d'un mot est parfois muette. (Voir **Prononcez bien!**, Chapitre 2.)

   MODELES   pâ/tes (deux syllabes écrites)

   pâtes [pɑt] (une syllabe orale)

   bou/lan/ge/rie (quatre syllabes écrites)

   boulangerie [bu/lɑ̃/ʒʀi] (trois syllabes orales)

3. Les voyelles **i, u** et **ou** suivies d'une autre voyelle ne forment généralement qu'une syllabe orale.

   MODELE   pro/mo/tion (trois syllabes orales)

 CD1-13

A votre tour!

B. Ecoutez attentivement les mots suivants. Pour chacun des mots, écrivez le nombre de syllabes orales que vous entendez.

1. acheter

2. pâtisserie

3. charcuterie

4. habillement

5. artisanat

6. mondialisation

7. litre

[1]Les symboles entre crochets [ ] représentent la transcription phonétique de mots ou de sons. Ces symboles sont souvent utilisés dans les dictionnaires, immédiatement après l'entrée (le mot).

Activités écrites

Structures et vocabulaire actif

🔊 CD1-14

Dictée

Dialogue. Anne-Marie explique à Marc l'importance des marchés en plein air en France. Vous allez entendre le passage suivant trois fois. La première fois, écoutez simplement, la deuxième fois, écrivez et la troisième fois, vérifiez attentivement votre texte.

_____

_____

_____

_____

_____

_____

_____

_____

_____

_____

_____

Nom _____ Date _____

A. Au supermarché. Complétez les paragraphes suivants par la forme convenable des verbes entre parenthèses.

De nombreux Français (1) _____ (acheter) les produits de base au supermarché, mais ils

(2) _____ (préférer) acheter le pain, la viande et les produits de qualité chez les petits

commerçants. C'est samedi après-midi et nous (3) _____ (accompagner) la famille Dumont à

Carrefour.

D'abord, nous (4) _____ (chercher) une place sur le parking et ensuite nous

(5) _____ (trouver) un chariot. Nous (6) _____ (entrer) dans

l'hypermarché Carrefour et les enfants (7) _____ (chercher) tout de suite le rayon où on

(8) _____ (acheter) des boissons comme l'Orangina et le Coca. M. Dumont (pousser)

(9) _____ le chariot pendant que sa femme (10) _____ (jeter) des

paquets dedans. Ils (11) _____ (acheter) des provisions comme du fromage, des produits en boîte,

de la farine, de l'huile. Les Dumont (12) _____ (manger) souvent de la viande accompagnée de

légumes, le tout suivi d'un plateau de fromages. Ils n'(13) _____ (oublier) pas d'acheter des fruits,

et les enfants (14) _____ (demander) toujours quelques pâtisseries.

Enfin, le chariot est plein. Ils (15) _____ (passer) à la caisse où ils (16)

_____ (payer) par carte bancaire, car ils (17) _____ (posséder) une

Carte Bleue. Ensuite, ils (18) _____ (apporter) les provisions à la voiture dans des cabas. La famille

Dumont (19) _____ (rentrer) et tout le monde (20) _____ (porter) les

provisions jusqu'à l'appartement au troisième étage. Comme demain c'est dimanche et que les grands-parents

(21) _____ (dîner) toujours avec eux ce jour-là, toute la famille

(22) _____ (aider) à préparer un bon repas.

B. Montréal souterrain. Marie parle du Montréal souterrain à une amie. Completez ses phrases par la forme convenable de **faire, être, avoir** ou **aller**.

1. Montréal _____ la première ville francophone en Amérique du Nord.

2. En général, nous _____ au centre-ville pour _____ les courses.

3. Moi, je _____ souvent au RÉSO. Le RÉSO _____ un centre commercial unique au monde parce que les clients _____ leurs achats dans un espace entièrement souterrain.

4. Ce centre _____ de nombreux magasins internationaux et des touristes du monde entier y (*there*) _____ pour faire leurs courses.

5. Toutes sortes de cuisines variées _____ disponibles dans les nombreux restaurants du RÉSO.

6. On _____ facilement au RÉSO. Il y _____ une ligne directe de métro.

7. Et si tu aimes le cinéma, tu _____ aussi plusieurs salles à ta disposition.

8. Ce centre offre beaucoup de possibilités. Il y a beaucoup à _____.

9. Quand il _____ très froid, il _____ très agréable d' _____ au RÉSO.

C. Préparatifs. Complétez les phrases suivantes en utilisant l'impératif des verbes entre parenthèses.

1. Robert, _____ à apporter du pain pour le dîner. (penser)

2. Annie et Liliane, _____ la liste des courses pour demain. (faire)

3. Jean et Pierre, _____ à l'heure pour le dîner. (être)

4. Michelle, _____ ouvrir la porte pour nos amis. (aller)

5. Patrick, n'_____ pas un vin trop cher. (acheter)

D. Le début du semestre. Ecrivez trois phrases pour chacune des situations indiquées en utilisant la forme convenable d'**aller** suivi d'un verbe à l'infinitif. Choisissez des expressions de la liste si vous le désirez.

Expressions: acheter des livres, aller à un concert de rock, dîner au restaurant, écouter de la musique, envoyer un message électronique, faire des courses, inviter des amis, manger avec mes amis, parler avec mon prof, regarder la télévision, téléphoner à mes parents, travailler au laboratoire de langues...

MODELE Demain matin,...

Demain matin, je vais chercher un job.

Je vais téléphoner à mes amis.

Nous allons déjeuner au restaurant.

1. Demain matin,

a. _____.

b. _____.

c. _____.

2. Le premier jour de classe,

a. _____.

b. _____.

c. _____.

3. Le week-end prochain,

a. _____.

b. _____.

c. _____.

4. Le semestre prochain,

a. _____.

b. _____.

c. _____.

E. Le petit déjeuner. Les habitudes des Français sont très différentes de celles des Nord-Américains au petit déjeuner. Complétez le dialogue suivant entre François et Jim en utilisant l'article approprié, la préposition **de** ou **à** ou les contractions appropriées.

FRANÇOIS: Bonjour Jim, qu'est-ce que tu vas prendre pour (1) _____ petit déjeuner?

JIM: Je voudrais bien (2) _____ tasse _____ café, (3) _____ omelette _____ fromage, (4) _____ saucisses grillées et (5) _____ toasts avec (6) _____ confiture de fraises.

FRANÇOIS: Et tu vas manger tout cela! Moi, je ne prends pas (7) _____ viande le matin, je n'aime pas manger (8) _____ œufs non plus. Je préfère (9) _____ croissants avec (10) _____ beurre et (11) _____ bol _____ café _____ lait bien chaud avec beaucoup (12) _____ sucre.

JIM: Ah bon? Et en France, vous ne prenez pas (13) _____ jus de fruit non plus?

FRANÇOIS: Cela dépend; moi, j'aime mieux prendre (14) _____ yaourt _____ fruits. Mais on boit aussi (15) _____ jus de fruit en France pour les vitamines.

JIM: Est-ce que tu aimes (16) _____ céréales? Aux Etats-Unis on mange beaucoup (17) _____ céréales très variées.

FRANÇOIS: Non, je n'aime pas vraiment (18) _____ céréales, je préfère (19) _____ pain grillé avec (20) _____ miel. C'est délicieux!

F. Pour être en bonne santé. Un médecin interviewé présente un programme pour aider les étudiants à garder la forme. Complétez le dialogue logiquement avec les expressions de quantité de la liste suivante.

Expressions: assez de, beaucoup de, moins de, pas de, pas mal de, peu de, plus de, trop de

INTERVIEWER: Docteur, que nous recommandez-vous pour être en bonne santé?

MÉDECIN: Voici mes conseils: il faut (1) _____ sommeil, (2) _____ sorties le soir, (3) _____ télévision, surtout (4) _____ alcool, (5) _____ tabac et (6) _____ sport.

INTERVIEWER: Et pour l'alimentation, docteur?

MÉDECIN: Je vous conseille (7) _____ sucreries, (8) _____ jus de fruits, (9) _____ pâtisseries, (10) _____ poisson, (11) _____ légumes frais, (12) _____ matières grasses, et surtout (13) _____ frites. Ce régime vous gardera en bonne santé!

INTERVIEWER: Merci de vos conseils!

G. Au restaurant. Vous attendez une amie au restaurant. Complétez la conversation suivante entre le serveur et vous en utilisant **voilà** ou **il y a.**

SERVEUR: Bonjour et bienvenue, (1) _____ le menu.

VOUS: Merci beaucoup, qu'est-ce que (qu') (2) _____ comme plat du jour aujourd'hui?

SERVEUR: Regardez, (3) _____ la liste des plats du jour. (4) _____ surtout du poisson. Il nous arrive tout frais de la côte!

VOUS: Et comme dessert, qu'est-ce que (qu') (5) _____?

SERVEUR: Eh bien, (6) _____ du gâteau au chocolat vraiment délicieux.

VOUS: Tiens, (7) _____ mon amie qui arrive enfin! Est-ce qu' (8) _____ une autre chaise pour elle?

SERVEUR: Mais bien sûr, tout de suite, (9) _____.

H. Les soirées américaines. Vous avez une correspondante en France. Dans son dernier email, elle vous demande de décrire les soirées dans votre pays. En choisissant des mots de la liste suivante, complétez l'email pour décrire vos soirées à votre amie française. Ajoutez les articles nécessaires.

Mots utiles: amis, bal(s), bière, café, chips, classe(s), Coca-Cola, concert(s), film(s), grandes soirées, hamburgers, match(s) de basket, match(s) de football, pizza, politique, poulet frit, professeurs, salade, sandwichs, soirées en groupe, soirées intimes, spaghettis, steak, surprises-parties, vin

Chère amie,

D'habitude, nous faisons des fêtes le samedi, parce que les autres jours de la semaine, nous

travaillons dur. Quelquefois, nous dînons ensemble et nous mangeons _____,

_____ ou _____, et nos soirées commencent alors

assez tard. Moi, je préfère _____. Ensuite, on se retrouve chez un ami. Là, on

écoute de la musique et on discute _____ et _____.

Si on a faim, il y a _____ ou _____ et il y a aussi

beaucoup _____ et _____. Nous aimons en particulier

_____, mais après une semaine à l'université, on adore toutes les soirées.

Maintenant, écrivez quatre à six phrases supplémentaires pour dire comment vous passez vos soirées avec votre groupe d'amis.

_____

_____

_____

_____

_____

Nom _____ Date _____

I. Ça fait combien en dollars? Consultez un journal ou utilisez un convertisseur en ligne pour calculer le prix des entrées du menu de la Brasserie Molière. Ensuite, imaginez que vous allez à cette brasserie demain. Ecrivez une phrase pour expliquer quelle entrée vous allez choisir et pourquoi.

Brasserie Molière

Les entrées froides

Le saumon mariné aux deux citrons et son mesclun de salade	10 €	$ _____
Le saumon fumé de Norvège	11 €	$ _____
Le carpaccio de bœuf à la vénitienne	9,50 €	$ _____
Les asperges vertes de saison sauce moutarde	8 €	$ _____
Le melon de pays, muscat de Frontignan	9€	$ _____

Les entrées chaudes

La soupe de poisson, croûtons, rouille, fromage râpé	8,50 €	$ _____
L'escalope de foie gras poêlée sur fondue d'endives, raisins et noix	14 €	$ _____
La tête de veau sauce ravigote	7,50 €	$ _____

Je vais choisir... _____

_____

_____

La rédaction par étapes

Le dîner de gala. Le Club français de votre université organise un concours du meilleur menu pour un dîner de gala. Vous décidez de participer à ce concours.

Etape 1: Mise en train

A. D'abord, réfléchissez à vos goûts et à vos préférences alimentaires. Ensuite, sélectionnez des plats originaux ou exotiques pour la composition de votre menu. Vous pouvez consulter des magazines ou des livres de cuisine disponibles à la bibliothèque ou sur Internet.

B. Ensuite, à partir du vocabulaire actif présenté dans votre manuel, préparez une liste du vocabulaire nécessaire pour composer votre menu. Ajoutez également les verbes utiles pour rédiger votre recette et vérifier l'impératif de ces verbes.

 C. Rendez-vous sur le site Web d'*Interaction* pour consulter un exemple de menu du restaurant Le Relais du Corsaire. Notez les verbes utilisés pour donner la recette des différents plats à préparer et lisez avec soin la liste des ingrédients nécessaires. Vous pouvez consulter la traduction pour vous inspirer et pour acquérir le vocabulaire nécessaire.

Etape 2: S'exprimer par écrit

D. Maintenant que votre recherche est terminée et que vous avez la sélection des plats et la liste de vos ingrédients, préparez votre menu et donnez l'explication détaillée de vos recettes en utilisant l'impératif pour tous les verbes utilisés. Bon appétit!

SYSTÈME-D

Utilisez les rubriques suivantes dans le **Système-D:**

Expressions: expressing an opinion
Vocabulaire: food, drink, stores
Grammaire: present tense, verb + infinitive, definite and indefinite articles

---

🌐 Interaction cinéma: Pour aller plus loin

Madagascar, carnet de voyage: **Court-métrage animé de Bastien Dubois. Sacrebleu Productions – 2009**

A. Avant le troisième visionnage. Avant de regarder le court-métrage encore une fois, faites l'activité suivante.

Un ami vous offre un carnet de voyage que vous voulez remplir pendant votre prochain voyage. Faites une liste d'objets que vous aimeriez *(would like)* y mettre.

_____

_____

_____

_____

Quels sont les objets qu'on trouve dans le carnet de voyage du film? Mettez un X à côté des objets de votre liste qui sont les mêmes que ceux *(those)* du film.

_____

_____

_____

_____

B. Après le troisième visionnage. Complétez la conversation entre Georges et le narrateur quand ce dernier arrive au village d'Ambono.

Au village d'Ambono, avec Georges pour le Famadihana

—Ah tu es venu! Tu es beau! Viens!

—Eh, _____, Vazaha, on va _____ le Vary be menaka!

—Eh, c'est du riz avec _____ de _____ et c'est très gras et c'est bon! *Ils portent un mort dans un linceul (lamba).*

—Tu vois, ils vont _____ sept fois le tour de la maison, après on _____ au tombeau.

—Tu connais le Toka Gasy? _____, goûte un peu.

C. A vous. Répondez aux questions.

1. Quelles impressions le court-métrage donne-t-il de Madagascar?

   _____

   _____

   _____

2. C'est un pays que vous aimeriez visiter? Pourquoi ou pourquoi pas?

   _____

   _____

   _____

3. Ce film a reçu plusieurs prix et récompenses. Pourquoi, à votre avis?

   _____

   _____

   _____

CHAPITRE 2

Modes de vie

Activités orales

Pour mieux comprendre

 CD1-15

Philippe prépare le bac. Ecoutez attentivement la conversation entre Philippe et Marc puis faites les exercices suivants. Vous pouvez écouter la conversation plusieurs fois, si cela est nécessaire.

A. Compréhension générale. Cochez (✓) la réponse correcte aux questions suivantes.

☐ oui	☐ non	**1.** Est-ce que Philippe va retrouver ses amis du lycée?
☐ oui	☐ non	**2.** Est-ce que Marc veut bien l'accompagner?
☐ oui	☐ non	**3.** La vie quotidienne de Philippe est-elle bien planifiée?
☐ oui	☐ non	**4.** Le café est-il un bon lieu pour se détendre?
☐ oui	☐ non	**5.** Phillippe va-t-il au café tous les jours?

B. Choisissez la bonne réponse. D'après cette conversation, choisissez la bonne réponse pour compléter les phrases suivantes.

1. Philippe va (préparer un examen / dîner avec des amis / faire ses devoirs / se détendre au café).

2. Les jeunes Français (travaillent en groupe / perdent leur temps / s'amusent souvent / se retrouvent) au café.

3. Quand on prépare le bac, on a besoin de (d') (être raisonnable / boire du café / travailler de temps en temps / une vie tranquille).

4. Philippe aime (perdre son temps / avoir une routine quotidienne / préparer ses examens / descendre au café).

5. Marc pense qu'il est raisonnable de (travailler sans arrêt / fréquenter les restaurants / sortir avec ses amis / se détendre).

Nom _____ Date _____

C. Compréhension détaillée. Complétez les phrases suivantes pour résumer les détails les plus importants de la conversation.

1. Pillippe va au café _____ fois par semaine.

2. D'habitude, Phillipe va au café après _____.

3. Il aime passer une heure au café avec _____.

4. Phillippe se lève tôt, il travaille et il _____.

5. Phillippe est très discipliné, mais il a besoin de _____.

🔊 CD1-16

D. La terminale. Vous allez entendre une longue conversation entre Sylvie, Vincent et Irène, trois amis qui parlent de la préparation au bac et de leur vie au lycée. Ils ont des habitudes de travail très différentes. Complétez chacune des phrases de façon logique.

Vocabulaire utile

la moitié *half*
Je ne sais pas comment je vais m'y prendre. *I don't know how I'm going to go about it.*
débordée de travail *swamped with work*

il (ne) faut pas t'en faire *you mustn't worry about it*
mais sinon *but otherwise*
soulagerait *would relieve*
pourrait *could*

---

1. Pour Sylvie, le bac, c'est la panique parce qu'elle ___.

   a. n'aime pas la chimie   **b.** a trop de révisions à faire   **c.** est organisée

2. Vincent lui conseille *(advises her)* ___.

   a. une vie plus disciplinée   **b.** de réviser les maths   **c.** de dormir beaucoup

3. Irène voit la vie différemment parce qu'elle ___.

   a. ne va pas aux cours   **b.** prend des notes   **c.** ne bouquine jamais

4. Vincent sait ce qu'il veut faire dans la vie et il veut ___.

   a. redoubler   **b.** rater son examen   **c.** avoir une carrière

5. Irène a de la chance parce qu'elle ___.

   a. est débordée   **b.** ne pense pas sortir   **c.** a de bonnes notes

6. Vincent propose à Sylvie de ___.

   a. réviser l'anglais   **b.** travailler la chimie   **c.** sortir pour se détendre

7. Irène ne peut malheureusement pas aider Sylvie parce qu'elle ___.

   a. ne comprend rien en anglais   **b.** va faire du camping   **c.** préfère travailler seule

8. Sylvie est plus optimiste à la fin de la conversation parce qu'elle ___.

   a. va aller au cinéma   **b.** donne des conseils   **c.** est soulagée

9. Irène est la moins sérieuse des trois pour une raison: ___.

   a. elle aime patiner   **b.** elle est bonne en français   **c.** elle travaille peu

10. Vincent et Sylvie se mettent d'accord pour ___.

   a. travailler ensemble   **b.** s'amuser ensemble   **c.** aller aux cours ensemble

🔊 CD1-17

E. La France et l'Amérique. Ecoutez attentivement la conversation suivante entre Béatrice et Christine. D'après cette conversation, indiquez si les affirmations suivantes sont vraies (**V**) ou fausses (**F**).

_____ **1.** Béatrice suit un cours de civilisation française.

_____ **2.** Béatrice ne veut pas finir son exposé.

_____ **3.** Béatrice se rend compte que ce travail est difficile.

_____ **4.** Christine connaît bien le système américain.

_____ **5.** En France, le bac est le même dans toutes les régions.

_____ **6.** Tous les étudiants aux Etats-Unis passent l'équivalent du bac.

_____ **7.** Aux Etats-Unis, il est facile d'entrer à l'université.

_____ **8.** Les étudiants français ne s'inquiètent jamais.

_____ **9.** Les étudiants américains doivent se débrouiller pour trouver une université.

_____ **10.** Béatrice comprend bien les explications de Christine.

A vous la parole!

🔊 CD1-18

F. Une attitude négative. Ce matin, vous êtes de mauvaise humeur. Vous dites toujours le contraire de ce que votre colocataire dit. Utilisez les expressions négatives indiquées pour répondre aux questions et commentaires de votre colocataire.

> **MODELE**   VOUS ENTENDEZ: Il y a toujours beaucoup de monde à la soirée.
>   VOUS LISEZ: ne... personne
>   VOUS RÉPONDEZ: *Il n'y a personne à la soirée!*

   1. ne... jamais

   2. ne... plus

   3. ne... pas

   4. ne... pas encore

   5. ne... rien

   6. ne... personne

   7. ne... pas

🔊 CD1-19

G. Un jour comme les autres. Pendant la semaine, les étudiants doivent se lever tôt pour aller en classe et ils suivent une certaine routine matinale. Voici la routine de Béatrice. Utilisez les verbes suggérés pour faire une phrase complète.

> **MODELE**   VOUS ENTENDEZ: se réveiller tôt
>   VOUS DITES: *Elle se réveille tôt.*

(Numéros 1 à 7)

CD1-20

H. Le week-end, c'est autre chose! Pendant le week-end, la routine de Béatrice est un peu différente. Posez des questions avec **est-ce que** et les expressions verbales suggérées pour lui demander des détails de son week-end.

> **MODELE**   Vous entendez: se réveiller à dix heures
>   Vous dites: *Est-ce qu'elle se réveille à dix heures?*

(Numéros 1 à 10)

 CD1-21

I. Le week-end est-il différent pour vous aussi? Répondez aux questions suivantes par une phrase complète. Vous allez entendre une réponse possible.

1. Préférez-vous vous lever tôt?
2. Que faites-vous en particulier pour vous détendre?
3. Avez-vous besoin de dormir beaucoup?
4. Vous dépêchez-vous de finir votre travail?
5. Avez-vous envie de vous habiller différemment?

(Numéros 1 à 5)

 CD1-22

J. L'étudiant typique. Edmond est un étudiant qui essaie d'avoir une vie universitaire équilibrée. Jouez le rôle d'Edmond et répondez aux questions suivantes en utilisant les mots donnés.

> **MODELE**   Vous entendez: Est-ce que tu te couches de bonne heure?
>   Vous lisez: non / très tard
>   Vous répondez: *Non, je me couche très tard.*

1. à sept heures
2. oui / beaucoup
3. non
4. non
5. oui
6. oui
7. oui / souvent
8. oui / la plupart du temps

 CD1-23

K. Les expressions idiomatiques. Vous parlez avec vos colocataires, Marc et Anne. Posez une question logique après chacun de leurs commentaires. Utilisez une expression idiomatique de la liste dans vos questions.

Expressions: avoir faim, avoir peur, avoir lieu, avoir mal à, avoir froid, avoir sommeil, avoir besoin d'aide

> **MODELE**   Vous entendez: Qu'est-ce qu'on mange ce soir?
>   Vous dites: *As-tu faim?*

(Numéros 1–6)

CD1-24

Proverbe

Vous allez entendre un proverbe français. Choisissez la phrase qui explique le sens de ce proverbe.

A chaque jour suffit *(suffices)* sa peine.

a. Tous les jours sont pénibles.

c. On ne peut pas tout faire en un jour.

b. Travailler est pénible.

d. Chaque jour apporte de la peine.

 CD1-25

Prononcez bien!

Le e muet [ə]

La voyelle **e** sans accent peut être ou ne pas être prononcée. La chute ou le maintien du **e** dépend de sa position dans la phrase et de son environnement phonétique. Voici quelques règles générales.

A. Le **e** muet n'est pas prononcé:

  1. à la fin d'un mot ou d'une phrase.

   MODELE   Les locataires payent le loyer au propriétaire.

  2. lorsqu'il est entre deux consonnes.

   MODELES   logement   devoir   maintenant

B. On prononce le **e** muet:

  1. lorsqu'il suit deux consonnes.

   MODELE   d'autres activités

  2. dans certains mots comme **que** (interrogatif), **dehors** *(outside)* et **le** (pronom).

   MODELES   Que fais-tu?   Je suis dehors.   Voilà mon livre de chimie. Etudie-le bien!

C. Le **e** muet peut être ou ne pas être prononcé:

  1. Lorsque plusieurs **e** muets se succèdent, on a tendance à prononcer le premier et à supprimer le second.

   MODELES   —Tu viens?

         —Non, je ne viens pas

         Je le connais bien.   ou   Je le connais bien.

         Je me couche tôt.   ou   Je me couche tôt.

  2. Cependant, dans certains groupes, on préfère garder le second **e** muet.

   MODELES   *Je te* présente Etienne, mon meilleur ami.

         Tu comprends *ce que* le prof dit, toi?

         Il va à la bibliothèque *parce que* son ordinateur est en panne.

Remarque importante: La chute ou le maintien du **e** muet dépend en grande partie du niveau de langue utilisé. L'origine du locuteur peut aussi l'influencer.

CD1-26

A votre tour!

A. Répétez les mots suivants en vous rappelant que le **e** final est muet.

1. délinquance
2. seconde
3. carrière
4. terminale
5. électronique
6. ensemble
7. quotidienne

 CD1-27

B. Répétez les phrases suivantes.

1. En ce moment, je ne peux pas aller au cinéma, je n'ai pas le temps.

2. Nous ne pouvons pas entrer automatiquement à l'université.

3. Moi, je ne travaille pas tellement, j'ai de la chance.

4. Une petite promenade, ça me ferait du bien!

5. Ce soir, je me mets le nez dans mes bouquins.

 CD1-28

C. Ecoutez les phrases suivantes et indiquez le nombre de syllabes que vous entendez.

	6 syllabes	7 syllabes	8 syllabes
1. Je ne sais pas comment me débrouiller.			
2. Tu as certainement raison.			
3. Je me rends compte de la difficulté.			
4. Elle se peigne les cheveux le matin.			
5. Je reviens la semaine prochaine.			

 CD1-29

D. Utilisez les expressions négatives correspondantes pour répondre aux questions suivantes. Faites tous les changements nécessaires. Portez une attention particulière aux **e** muets.

MODELE   Vous entendez: Est-ce que tu connais quelqu'un dans ta classe?

                Vous répondez: *Non, je ne connais personne dans ma classe.*

1. Est-ce que je peux aller au cinéma avec vous? (Non)

2. Est-ce que tu as le trac avant un examen quelquefois? (Non)

3. Tu veux quelque chose à manger? (Non)

4. Est-ce que tu as déjà une voiture? (Non)

5. Tu dois encore appeler tes parents tous les jours? (Non)

 CD1-30

E. Répondez aux questions suivantes par **oui** ou **non,** selon votre expérience personnelle. Portez une attention particulière aux **e** muets. Vous allez entendre une réponse possible.

1. Est-ce que tu t'entends bien avec tes professeurs?

2. Est-ce que tu te sers régulièrement d'un dictionnaire de français?

3. Est-ce que tu te fâches souvent avec tes amis?

4. Est-ce que tes amis se moquent de toi quelquefois?

5. Est-ce que ta famille et toi, vous vous voyez tous les week-ends?

Activités écrites

Structures et vocabulaire actif

🔊 CD1-31

Dictée

La famille moderne. Philippe donne à Marc son opinion sur la vie de famille dans notre société moderne. Vous allez entendre le passage suivant trois fois. La première fois, écoutez simplement, la deuxième fois, écrivez et la troisième fois, vérifiez attentivement votre texte.

_____

_____

_____

_____

_____

_____

_____

_____

_____

_____

Nom _____ Date _____

A. Petit test sur la vie des étudiants. Lisez chaque série de mots. Puis, indiquez le mot qui n'est pas logique.

MODELE   le lycée   la terminale   ~~la fac~~   la seconde

1. un exposé   un devoir   un cours   une dissertation
2. un examen   un bouquin   le bac   un diplôme
3. redoubler   rater   se débrouiller   ne pas réussir
4. savoir   croire   recevoir   avoir raison
5. être en retard   se dépêcher   s'en aller   être reçu
6. les informations   le Web   un boulot   le courrier électronique
7. la seconde   l'insécurité   la terminale   le lycée
8. se réveiller   s'habiller   se coucher   se lever
9. surfer sur Internet télécharger   bachoter   envoyer des textos
10. un livre numérique un email   un internaute   un réseau

B. La vie universitaire. Des élèves de français au lycée vous posent des questions au sujet de la vie universitaire. Répondez aux questions.

MODELE   Tu vends tes livres à la fin du semestre?

Oui, je vends mes livres à la fin du semestre.

ou: *Non, je ne vends pas mes livres à la fin du semestre.*

1. Tu choisis tes cours selon tes intérêts?

_____.

2. Tu attends la troisième année universitaire pour faire des études à l'étranger?

_____.

3. Tes copains et toi, vous descendez souvent en ville ou préférez-vous rester sur le campus?

_____.

4. Les autres étudiants et toi, vous réfléchissez souvent à la vie après l'université?

_____.

5. Tes parents répondent rapidement à tes emails?

_____.

6. Tu rends souvent visite à tes parents pendant le semestre?

_____.

7. D'habitude, ton (ta) colocataire finit ses devoirs avant minuit?

_____.

8. Ton (Ta) colocataire et toi, vous vous entendez bien?

_____.

9. Tu dépends de tes parents pour payer les frais de scolarité?

_____.

10. Tu réussis facilement à tes examens?

_____.

C. Ça ne va pas. Vous êtes de mauvaise humeur et ne faites que contredire votre ami(e). Il (Elle) essaie de vous remonter le moral, mais vous n'êtes jamais d'accord. Réagissez à ses commentaires en utilisant au moins sept des expressions suivantes dans des phrases négatives.

Expressions: ne... pas, ne... jamais, ne... jamais personne, ne... jamais rien, ne... ni... ni, ne... nulle part, ne... personne, ne... rien, personne... ne, rien... ne...

    MODELE   VOTRE AMIE: Tu as beaucoup d'amis.

                  VOUS: *Non, je n'ai pas beaucoup d'amis.*

VOTRE AMIE: Tu es de bonne humeur.

VOUS: (1) Non, _____.

VOTRE AMIE: Mais tu fais toujours quelque chose.

VOUS: (2) Non, _____.

VOTRE AMIE: Il y a toujours quelqu'un qui te téléphone.

VOUS: (3) Non, _____.

VOTRE AMIE: Tu as de bons amis et des activités intéressantes.

VOUS: (4) Non, _____.

VOTRE AMIE: Quelque chose d'intéressant va arriver aujourd'hui.

VOUS: (5) Non, _____.

VOTRE AMIE: Tu aimes tes cours et tes professeurs.

VOUS: (6) Non, _____.

VOTRE AMIE: Tu es toujours de mauvaise humeur.

VOUS: (7) Non, _____.

VOTRE AMIE: Tu vas partout avec tes copains.

VOUS: (8) Non, _____.

VOTRE AMIE: Quelqu'un va venir te voir ce soir.

VOUS: (9) Non, _____.

Nom _____ Date _____

D. A vous de jouer! Remettez en ordre les questions suivantes. Utilisez l'inversion ou **est-ce que** selon le cas.

> **MODELE** tu / est-ce / beaucoup / à / que / l'université / travailles
>
> *Est-ce que tu travailles beaucoup à l'université?*

1. toujours / beaucoup de / avez / devoirs / vous

   _____

2. professeurs / en général / ils / intéressants / sont / vos

   _____

3. est-ce que / examens / vont / aux / tous / les / vont / étudiants / réussir

   _____

4. est-ce que / amis / pensent / tes / faire / de longues études

   _____

5. toujours / les / répondent / ils / aux / étudiants / questions

   _____

E. Voici une journée typique. Vous essayez de décrire une de vos journées avec vos colocataires. Complétez chaque phrase par la forme convenable du verbe entre parenthèses.

> **MODELE** Je me réveille vers sept heures. (se réveiller)

1. Mes colocataires _____ plus tôt. (se réveiller)

2. Je _____ tout de suite. (se lever)

3. Je _____ vite parce que je suis toujours en retard. (s'habiller)

4. Un(e) de mes colocs _____ toujours avec élégance, mais nous autres,

   nous _____ en jean d'habitude. (s'habiller, s'habiller)

5. Je _____ le soir parce que mes colocs _____ le matin
   d'habitude. (se laver, se laver)

6. Quelquefois on _____ les un(e)s contre les autres. Mais en général,

   on _____. (se fâcher, s'entendre bien)

7. Après dîner, nous _____ un peu; nous _____ très souvent
   de notre journée, par exemple. (se détendre, se parler)

8. Je _____ plus tard que les autres qui _____ vers onze heures.
   (se coucher, se coucher)

9. Le week-end, nous _____. Nous _____ bien ensemble.
   (se reposer, s'amuser)

10. Mais le lundi arrive toujours trop vite et nous _____ pour notre travail. (s'inquiéter)

Nom _____ Date _____

F. Ce n'est pas toujours le paradis. Les choses ne se passent pas toujours bien entre vos colocataires et vous. Utilisez l'impératif des expressions suivantes pour suggérer ou donner des conseils à un(e) ou plusieurs de vos colocataires.

Expressions: se coucher, se dépêcher, ne pas se fâcher, ne pas faire tant de bruit, s'habiller, ne pas jouer de musique, nettoyer la chambre, se réveiller

MODELE *Fais la cuisine!*

1. _____
2. _____
3. _____
4. _____
5. _____
6. _____
7. _____
8. _____

G. L'interro. Vous discutez avec un ami de votre programme de travail pour le week-end. Complétez la conversation suivante avec la forme correcte des verbes entre parenthèses.

Vous: Dis-moi, est-ce que tu (1) _____ qu'il y a une interro lundi? (savoir)

Votre ami: Oui, bien sûr, et comme devoirs, nous (2) _____ réviser les verbes en **-oir.** (devoir)

Vous: Est-ce que les étudiants de ta classe (3) _____ utiliser ces verbes facilement? (pouvoir)

Votre ami: Non, la plupart du temps, ils ne (4) _____ pas les réponses et ne (5) _____ pas parler. (savoir / vouloir)

Vous: Ah oui, je (6) _____. C'est vraiment difficile, mais vous (7) _____ faire un effort. Est-ce que vous _____ (8) de mauvaises notes? (voir / devoir / recevoir)

Votre ami: Quelquefois, mais nous (9) _____ nous rattraper si nous (10) _____ améliorer nos résultats. Et c'est exactement ce que je (11) _____ faire si je (12) _____ réussir. (pouvoir / vouloir / devoir / vouloir)

Vous: Donc, tu ne (13) _____ pas venir avec moi au ciné. (pouvoir)

Votre ami: Je regrette, mais je (14) _____ réviser. (devoir)

H. Une famille nombreuse. Complétez cette description avec les expressions idiomatiques de la liste suivante.

Expressions: avoir l'air, avoir besoin, avoir de la chance, avoir envie, avoir faim, avoir lieu, avoir mal, avoir l'occasion

Mon ami trouve que la vie dans une famille nombreuse est quelquefois difficile. D'abord, il y a toujours quelqu'un dans la salle de bains, et on doit attendre longtemps pour se laver ou se coiffer. Ce sont les personnes qui se lèvent tôt qui (1) _____ parce qu'elles peuvent occuper la salle de bains sans attendre. Le soir, si on (2) _____ de regarder la télé, il est difficile de choisir une émission. C'est à table que la grande réunion de la famille (3) _____ tous les jours. Ce n'est pas souvent qu'on (4) _____ de parler, mais si on (5) _____ et que l'on veut un bon morceau de viande, on ne parle pas trop. Le problème, c'est que si on ne parle pas, les autres vont sûrement penser qu'on (6) _____ triste.

En fait, après une journée dans une grande famille, on peut (7) _____ à la tête. Les familles nombreuses (8) _____ donc _____ de grandes quantités d'aspirine.

I. Depuis quand le faites-vous? Votre nouvelle copine, une étudiante sénégalaise, vous pose des questions sur votre vie. Répondez en utilisant **depuis** et le présent.

> **MODELE** Depuis combien de temps est-ce que tu habites avec ton (ta) colocataire?
> *J'habite avec lui (elle) depuis un mois.*

1. Depuis quand étudies-tu le français?

   _____

2. Depuis quelle année es-tu à cette université?

   _____

3. Depuis quel mois habites-tu dans cet immeuble (cette maison, cette residence...)?

   _____

4. Depuis combien de temps aimes-tu la musique (rock, classique, western...)?

   _____

5. Depuis quel âge joues-tu du violon (du piano, au tennis, au basket...)?

   _____

J. Le téléphone portable. Relisez la Note Culturelle sur le téléphone portable au Cameroun à la page 67 de votre manuel. Ensuite, utilisez la forme correcte des verbes suivants pour compléter les phrases.

Verbes: pouvoir, recevoir, devoir, couvrir, se servir

1. Au Cameroun les réseaux téléphoniques pour les portables _____ presque tout le pays.

2. Les Camerounais _____ de ce moyen de communication pour «biper» leurs amis et leur famille.

3. Les utilisateurs ne _____ pas payer aussi cher quand ils bipent leur correspondant et raccrochent *(hang up)* aussitôt.

4. Souvent, les personnes qui _____ un appel décident de rappeler tout de suite.

5. Les Camerounais _____ aussi utiliser les «*call box*» au coin des rues.

Loyer maxi: 650 euros par colocataire (charges non incluses)
Date d'entrée souhaitée: 25 février, pour 6 mois
Nombre de colocataires maxi: 2
Quartier: Faubourg Saint-Antoine
Descriptif: duplex, 100m², poutres apparentes, cuisine et salle de bains équipées, baignoire. Métro Bastille à 3 pas, supermarchés à 2 pas, rue de la Roquette et autres animations à 1 pas! Cherchez pas, c'est sympa!
*Le colocataire: Giulia, duo, 25 ans, non fumeur
Avec enfant(s): non
Activité: étudiants, adeptes de sports extrêmes
Avec un animal: oui
Déjà vécu en colocation: oui
Quelques mots: L'appartement est au rez-de-chaussée. Vous seriez le 3e coloc': une Italienne, 25 ans, active et un Français, 25 ans, étudiant, habitent déjà l'appart. Ici, pas d'interviews à la chaîne: on se parle au tél et on voit si ça peut coller; ensuite visite... N'appelez pas avant 15 h 30.

Loyer maxi: 500 euros par colocataire (charges incluses)
Date d'entrée souhaitée: 1er juillet, pour 3 mois
Nombre de colocaires maxi: 2
Quartier: boulevard Barbès
Descriptif: appartement 5 pièces de 85 m2 (meublé). L'appart est très sympa, genre vieil immeuble, avec boiserie et parquet. On est quatre filles à y habiter. Il y a quatre chambres, une cuisine aménagée avec lave-linge, une salle de bain (avec baignoire!). Le quartier est cool (supermarché juste en face, métro lignes 4 et 2). Le proprio habite l'édifice.
*Le colocataire: Sylvaine, quatuor, 23 ans, fumeur
Avec enfant(s): non
Activité: étudiantes en musique et philosophie, actives, adeptes de randonnées
Avec un animal: non
Déjà vécu en colocation: oui
Quelques mots: Je suis étudiante à Paris, mais pas originaire de Paris. Je cherche à sous-louer ma chambre pour la période de l'été (juillet, août, septembre).

Loyer maxi: 550 euros par colocataire (charges incluses)
Date d'entrée souhaitée: 5 février, pour 6 mois
Nombre de colocataires maxi: 2
Quartier: 149, avenue Paul Vaillant Couturier, XIVe arrondissement
Descriptif: maison 4 pièces de 70 m2 (meublée) quartier calme, grande chambre meublée, cuisine équipée, salle de bains, wc, terrasse de 45m2, possibilité de rentrer le véhicule
*Le colocataire: Michel, homme, 34 ans, fume rarement
Avec enfant(s): oui
Activité: actif, lève-tôt
Avec un animal: non
Déjà vécu en colocation: oui
Quelques mots: célibataire, un enfant, sérieux, pour tout renseignement me contacter, merci, à plus...

K. A la recherche de colocataires. Imaginez que vous allez passer quelques mois à Paris et que vous voulez partager un appartement. Lisez les trois annonces ci-dessus et choisissez celle qui correspond le mieux à vos besoins. Ensuite, répondez aux questions en utilisant le vocabulaire du chapitre.

1. Quelle annonce allez-vous choisir? Expliquez pourquoi en donnant plusieurs raisons.

   _____

   _____

   _____

2. Pensez-vous que vos habitudes correspondent bien à celles de vos nouveaux colocataires? Donnez des exemples pour expliquer votre réponse.

   _____

   _____

   _____

3. Qu'est-ce qui ne vous intéresse pas chez les deux autres groupes de colocataires?

_____

_____

_____

4. Selon vous, quelle habitation est la plus susceptible d'être cambriolée *(broken into)*? Pourquoi?

_____

_____

_____

La rédaction par étapes

Email à ma famille d'accueil. Le service d'études à l'étranger de votre université vient de vous annoncer que vous êtes accepté(e) pour un séjour linguistique en France et vous communique l'adresse de votre famille d'accueil. Vous décidez de leur écrire immédiatement pour leur expliquer vos habitudes, vos goûts et vos préférences et aussi pour leur poser plusieurs questions sur leur vie de famille.

Etape 1: Mise en train

A. Vous allez réfléchir à votre mode de vie, à vos habitudes de travail, à votre régime alimentaire quotidien et à ce que vous aimez particulièrement faire pour vous détendre. Vous pouvez consulter des magazines pour jeunes disponibles à la bibliothèque ou chercher des idées d'activités de loisir sur Internet.

B. Ensuite, à partir du vocabulaire actif présenté dans votre manuel, préparez une liste du vocabulaire nécessaire pour écrire le brouillon *(rough copy)* de votre email. Essayez de vous présenter de manière originale et intéressante pour que votre famille d'accueil lise cet email avec plaisir. Insistez sur vos bonnes habitudes.

C. Rendez-vous sur le site Web d'*Interaction* pour trouver des éléments sur le mode de vie et les loisirs favoris des jeunes Français. Consultez également sur Internet certains sites d'universités pour voir les emplois du temps des étudiants français et les matières étudiées.

Etape 2: S'exprimer par écrit

D. Maintenant que votre recherche est terminée et que vous avez une liste de questions importantes à poser à votre famille d'accueil, vous pouvez rédiger votre email en utilisant le style épistolaire et les formules de politesse appropriées.

Utilisez les rubriques suivantes dans le **Système-D:**

Phrases: stating a preference
Vocabulary: leisure, taste, university
Grammar: interrogative forms, negations, reflexive constructions

🌐 Interaction cinéma: Pour aller plus loin

Sans Titre: **Court-métrage de David Rousseau, Valéry Schatz. Société de production: BIG LIKE ME – 2007**

A. Avant le troisième visionnage. Avant de regarder le court-métrage encore une fois, mettez ces événements en ordre pour résumer l'histoire.

_____ L'homme est arrêté.

_____ L'homme et la femme s'asseyent.

_____ L'homme et la femme trouvent une voiture abandonnée.

_____ La femme a mal au pied.

_____ L'homme et la femme parlent de différentes destinations dans le monde.

_____ L'homme fait un massage à la femme.

_____ L'homme et la femme s'en vont en courant.

_____ L'homme est renvoyé *(sent back)* au Congo.

_____ La femme veut que l'homme monte dans la voiture avec elle.

B. Après le troisième visionnage. Complétez la conversation entre l'homme et la femme.

_____-moi!

—Qu'est-ce qu'y a?

—J'_____ au pied...

—Attends, _____ voir!

—Non, c'est bon, non, non, c'est bon. Pff, j'aime pas mes pieds.

—Ah, c'est pas grave.

—Ah, ah, ah!

—Non, mais _____? T'es bête!

—Oh je déconne. Le tout, c'est pas de laisser refroidir. J'ai appris ça _____.

—Ça fait du bien! Attention, hein, je te mets _____ à la fin.

—Merci.

C. A vous. Répondez aux questions.

1. D'après vous, quel est le thème principal du film? Qu'est-ce que le metteur en scène veut dire à propos de l'immigration? Citez des exemples du film pour justifier votre réponse.

_____

_____

_____

_____

_____

_____

_____

_____

2. *Sans Titre* fait partie d'un projet artistique qui s'appelle 48 HFP. Pour y participer, les créateurs du film doivent compléter un film en moins de 48 heures en incorporant trois éléments obligatoires. Les éléments imposés pour *Sans Titre* (2007) sont un parapluie, l'inspecteur Jean (ou Jeanne) Maqua et la phrase «Si c'est pas malheureux ça». A votre avis, est-ce que ces éléments sont bien intégrés dans le film? Expliquez votre réponse.

_____

_____

_____

_____

_____

_____

_____

_____

CHAPITRE 3

La vie des jeunes

Activités orales

Pour mieux comprendre

 CD2-2

Les loisirs des Fouché. Ecoutez attentivement la conversation entre Mme Fouché et Marc puis faites les exercices suivants. Vous pouvez écouter la conversation plusieurs fois, si cela est nécessaire.

A. Compréhension générale. D'après cette conversation, cochez (✓) la réponse correcte aux questions suivantes.

☐ oui	☐ non	**1.** Marc est-il français?
☐ oui	☐ non	**2.** Est-ce que les Fouché partent souvent en week-end?
☐ oui	☐ non	**3.** Est-ce que les Fouché aiment la campagne?
☐ oui	☐ non	**4.** Est-ce que les enfants Fouché s'ennuient souvent?
☐ oui	☐ non	**5.** Est-ce que les copains sont importants dans la vie des enfants Fouché?
☐ oui	☐ non	**6.** Est-ce que le cinéma est leur passe-temps favori en été?
☐ oui	☐ non	**7.** Est-ce que c'est une famille qui aime passer du temps ensemble?
☐ oui	☐ non	**8.** Est-ce que les enfants de Mme Fouché aiment faire du sport?
☐ oui	☐ non	**9.** Est-ce que les enfants Fouché passent le dimanche chez des copains?
☐ oui	☐ non	**10.** Est-ce que Mme Fouché aime faire du vélo?

B. Choisissez la bonne réponse. D'après la conversation, choisissez la bonne réponse pour compléter chaque phrase.

1. Marc ne sait pas beaucoup de choses au sujet des (écoles / loisirs / transports) en France.

2. M. et Mme Fouché passent souvent le week-end (à leur maison de campagne / en ville / chez des amis).

3. Les enfants des Fouché s'ennuient (assez souvent / de temps en temps / rarement).

4. Le week-end, les Fouché aiment faire (du vélo / des courses / du ski).

5. La distraction favorite de Mme Fouché est de faire (du ski / du tennis / un pique-nique).

Nom _____   Date _____

C. Compréhension détaillée. Ecoutez la conversation encore une fois. Complétez les phrases suivantes pour résumer les détails les plus importants du dialogue.

1. Marc veut savoir si les Fouché _____.

2. Les Fouché aiment aller à _____.

3. En général, les enfants passent le week-end _____.

4. En été, les enfants font _____, et en hiver, ils vont

   _____.

5. Les Fouché aiment _____ et

   _____ le dimanche.

D. Repérage grammatical. Utilisez les expressions suivantes pour compléter les phrases. Faites les changements nécessaires.

Expressions: faire du vélo, faire beau, en général, souvent, de temps en temps

1. J'aime faire un pique-nique quand _____.

2. _____, nous n'avons pas cours le samedi.

3. Les étudiants ont trop de travail _____.

4. Le professeur doit _____ répéter les mêmes règles de grammaire.

5. Nous _____ le dimanche.

🔊 CD2-3

E. Le mercredi de Louis. Ecoutez attentivement la conversation entre Christine et Louis puis indiquez si les affirmations suivantes sont vraies (**V**) ou fausses (**F**). Vous pouvez écouter la conversation plusieurs fois, si cela est nécessaire.

___ 1. Louis va passer une journée agréable demain.

___ 2. Il va retrouver son copain Fred en ville.

___ 3. Fred va acheter un scooter avec son argent de poche.

___ 4. Les scooters coûtent beaucoup d'argent.

___ 5. Louis et Fred vont au magasin de vêtements pour acheter un blouson.

___ 6. Ensuite, ils vont voir un film.

___ 7. Louis s'amuse toujours.

___ 8. Pendant son temps libre, Louis aime bien se reposer.

___ 9. Pour Louis, les loisirs ne sont pas très importants.

___ 10. Dans la famille de Louis et Christine, on aime bien s'amuser.

🔊 CD2-4

F. A qui va la bourse *(scholarship)*? Deux étudiants sont en compétition pour une bourse d'études d'un an en Suisse. Ecoutez bien la discussion et notez les comparaisons faits entre les deux candidats dans le tableau ci-dessous. Utilisez les signes **plus (+)**, **moins (–)** ou **égal (=)** selon le cas.

VOCABULAIRE UTILE

la bourse *scholarship*	**quand même** *nonetheless*
j'aimerais donc *I would therefore like*	**malgré tout** *in spite of everything*
nous serons *we will be*	**on pourrait** *could (coll.)*
cependant *however*	**demande d'inscription** *application*
soient *are*	**lettre de candidature** *application letter*
je dirais *I would say*	

	Anne	Daniel
dynamique		
idéaliste		
organisé(e)		
courageux(-euse)		
sérieux(-euse)		
optimiste		
créateur(-trice)		
impulsif(-ive)		
individualiste		
sportif(-ive)		
être un(e) bon(ne) étudiant(e)		

Maintenant, utilisez vos notes du tableau ci-dessus pour répondre aux questions suivantes.

1. Anne est-elle plus dynamique que Daniel?

_____

2. Daniel est-il plus sérieux qu'Anne?

_____

3. Est-ce que Daniel semble plus optimiste qu'Anne?

_____

4. Anne est-elle plus impulsive que Daniel?

_____

5. A qui voulez-vous donner la bourse? Pourquoi?

_____

_____

_____

🔊 CD2-5

G. Les loisirs sont chers! Marc parle des dépenses qu'il faut faire pour certains loisirs. Notez les prix que vous entendez en euros.

1. faire du vélo _____ €

   le vélo _____ €

   un casque _____ €

2. une entrée au cinéma _____ €

   deux entrées l'après-midi _____ €

   deux entrées le soir _____ €

   du popcorn et deux cocas _____ €

3. un lecteur DVD _____ €

   des DVD _____ €

4. une raquette de tennis _____ €

   une boîte de balles de tennis _____ €

5. une planche à voile _____ €

A vous la parole!

🔊 CD2-6

H. Les expressions idiomatiques. Vous parlez avec votre amie Nathalie de vos projets de week-end. Utilisez l'expression idiomatique appropriée pour compléter chaque phrase.

Expressions: faire une promenade en bateau, faire du lèche-vitrines, se donner rendez-vous, se balader, faire du vélo, prendre un verre

MODELE   Vous ENTENDEZ: Allons au lac ce week-end!

            Vous COMPLÉTEZ: Oui! J'ai envie de *faire une promenade en bateau.*

            Vous DITES: Oui! J'ai envie de *faire une promenade en bateau.*

1. Ah, oui; on peut _____.

2. Absolument pas! Tu sais que je n'aime pas _____.

3. Allons au café pour _____!

4. Il ne faut pas oublier de _____.

5. Ça te dit de _____?

Nom _____ Date _____

 CD2-7

I. Une interview. Un étudiant d'un autre cours de français doit faire un devoir sur la vie des jeunes de votre région. Répondez à ses questions avec exactitude.

> **MODELE** Vous entendez: Est-ce que tu aimes le basket?
> Vous dites: *Oui, j'aime le basket.*
> ou: *Non, je n'aime pas le basket.*

(Numéros 1 à 8)

 CD2-8

J. Claude et Claudette. Claude et Claudette sont identiques. Utilisez l'adjectif que vous entendez au féminin pour décrire Claudette.

> **MODELE** Vous entendez: Claude est amusant.
> Vous dites: *Claudette est amusante aussi.*

(Numéros 1 à 10)

 CD2-9

K. Pascal veut tout savoir. Utilisez les noms et les adjectifs suivants pour répondre aux questions. N'oubliez pas de faire l'accord des adjectifs et de placer les adjectifs au bon endroit.

> **MODELE** Vous entendez: Comment est cette boîte de nuit?
> Vous lisez: amusant
> Vous dites: *C'est une boîte de nuit amusante.*

1. vieux
2. ennuyeux
3. grand
4. sportif
5. bon
6. nouveau
7. intéressant
8. gentil

 CD2-10

L. Vos habitudes. Utilisez les mots donnés pour répondre aux questions.

> **MODELE** Vous entendez: Dors-tu beaucoup le week-end?
> Vous lisez: oui / trop
> Vous dites: *Oui, je dors trop le week-end.*

1. oui / toujours
2. oui / souvent
3. non / nulle part
4. non / peu
5. sérieusement
6. oui / constamment
7. gentiment
8. oui / patiemment

CD2-11

Proverbe

Vous allez entendre un proverbe français. Choisissez la phrase qui explique le sens de ce proverbe.

On n'est jamais mieux servi que par soi-même (*yourself*).

a. Il est important de faire tout soi-même.

b. Il vaut mieux se servir tout seul.

c. Il est important de servir d'exemple.

d. Il ne faut jamais se servir le premier.

 CD2-12

Prononcez bien!

Les voyelles nasales

Les voyelles nasales sont opposées aux voyelles orales. Lorsqu'on prononce une voyelle nasale, l'air passe par la bouche et le nez. En français standard, il y a trois voyelles nasales.[1]

Voyelles nasales	Exemples
[ɛ̃]	brin
[ɑ̃]	blanc
[ɔ̃]	blond

Les voyelles nasales [ɑ̃] *et* [ɔ̃]

La voyelle nasale [ɑ̃] est opposée à la voyelle orale [a].

Voyelle orale [a]	Voyelle nasale [ɑ̃]
sa	sans
va	vend

La voyelle nasale [ɔ̃] est opposée à la voyelle orale [o].

Voyelle orale [o]	Voyelle nasale [ɔ̃]
mot	mon
beau	bon

[1]**Un** est généralement prononcé [œ̃]; cependant, il peut aussi être prononcé [ɛ̃], surtout en région parisienne. Ce phénomème s'explique par le nombre limité de mots contenant ce son en français. Pour cette raison, nous insistons moins sur la distinction entre ces deux voyelles nasales.

Nom _____ Date _____

 CD2-13

A votre tour!

A. Répétez les mots suivants en faisant attention aux voyelles [a] et [ɑ̃].

    1. sa langue

    2. cent pas

    3. trente chats

    4. ta tante

    5. ma maman

 CD2-14

B. Répétez les mots suivants en faisant attention aux voyelles [o] et [ɔ̃].

    1. vos oncles

    2. son vélo

    3. votre prénom

    4. nos noms

    5. ton blouson

CD2-15

C. Pour chacune des paires de mots suivants, indiquez si les voyelles nasales sont identiques (=) ou différentes (≠).

    MODELE   Vous entendez: blouson / blousant

                   Vous cochez: ≠

	=	≠
MODELE		✔
1.		
2.		
3.		
4.		
5.		

Nom _____   Date _____

 CD2-16

D. Pour chacune des phrases suivantes, indiquez le nombre de fois que vous entendez les voyelles nasales [ɑ̃] et [ɔ̃].

    MODELE   Vous ENTENDEZ: Raymond reçoit de l'argent de poche de ses parents.
             Vous ÉCRIVEZ: [ɑ̃] *2;* [ɔ̃] *1*

	[ɑ̃]	[ɔ̃]
MODELE	2	1
1.		
2.		
3.		
4.		
5.		

 CD2-17

La voyelle nasale [ɛ̃]

La voyelle nasale [ɛ̃] est opposée à la voyelle orale [ɛ].

Voyelle orale [ɛ]	Voyelle nasale [ɛ̃]
fais	fin
paix	pain

 CD2-18

A votre tour!

E. Répétez les mots suivants en faisant attention aux voyelles [ɛ̃] et [ɛ].

       1. ces copains

       2. elle vient

       3. sept chiens

       4. mes fringues

       5. très fin

Nom _____ Date _____

 CD2-19

La dénasalisation

A l'oral, lorsqu'une voyelle nasale est en contact avec une consonne nasale (comme [n] et [m]), elle est «dénasalisée». Cette règle générale s'applique aux cas suivants.

   1. le féminin de certains noms et adjectifs

   MODELES   bon [ɔ̃]   bonne [on]

                  américain [ɛ̃]   américaine [ɛn]

   2. le pluriel de certains verbes du 3ᵉ groupe

   MODELES   il vient [ɛ̃]   ils viennent [ɛn]

                  elle prend [ɑ̃]   elles prennent [ɛn]

   3. la liaison entre l'adjectif masculin singulier placé avant et le nom commençant par une voyelle

   MODELES   C'est un bon ami.   [bonami]

                  C'est un bon fils.   [bɔ̃fis]

 CD2-20

A votre tour!

F. Répondez aux questions suivantes en utilisant la nationalité au féminin ou au masculin, selon le cas.

   MODELE   Vous entendez: Donna est américaine; et son père?

                 Vous dites: *Il est américain.*

   1. Diego est mexicain; et sa femme?

   2. Paula est canadienne; et son copain?

   3. Rafael est bolivien; et sa fille?

   4. Dina est italienne; et son mari?

 CD2-21

G. Répondez aux questions suivantes en uilisant les mots donnés.

   MODELE   Vous entendez: Luce et Bertrand reviennent d'Espagne. Et Charles?

                 Vous lisez: Suisse

                 Vous dites: *Il revient de Suisse.*

   1. le voyage

   2. pauvre

   3. 4 heures

   4. l'université

CD2-21

H. Pour chacune des phrases suivantes, indiquez le nombre de fois que vous entendez les voyelles nasales [ɛ̃], [ɑ̃] et [ɔ̃]. Attention au phénomène de dénasalisation.

MODELE   Vous entendez: Guylaine est la grande championne de tous les lycéens.

Vous écrivez: [ɛ̃] *1;* [ɑ̃] *2;* [ɔ̃] *0*

	[ɛ̃]	[ɑ̃]	[ɔ̃]
MODELE	1	2	0
1.			
2.			
3.			
4.			
5.			

Activités écrites

Structures et vocabulaire actif

🔊 CD2-23

Dictée

La vie des jeunes. Marc lit à haute voix un article intitulé *La vie des jeunes.* Vous allez entendre le passage suivant trois fois. La première fois, écoutez simplement, la deuxième fois, écrivez et la troisième fois, vérifiez attentivement votre texte.

_____

_____

_____

_____

_____

_____

_____

_____

_____

_____

_____

_____

Nom _____ Date _____

A. En parlant de loisirs. Lisez chaque série de mots. Puis, indiquez le mot qui n'est pas logique.

MODELE   bavard   génial   passionné   ~~sportif~~

1. un lecteur DVD   un ordinateur portable   une planche à voile   un lecteur CD

2. la griffe   la marque   les fringues   les dépenses

3. un vélo   une moto   un portable   un scooter

4. un lecteur MP3   une randonnée   des baskets   les affaires

5. faire du vélo   prendre un verre   faire du jogging   faire une promenade en bateau

6. rigoler   fréquenter   se retrouver   rencontrer

7. le chômage   les SDF   le sida   les loisirs

8. le basket   le cinéma   le football   la marche

B. Notre vie de tous les jours. Vous parlez à un étudiant français qui vient passer l'année scolaire dans votre université. Il vous pose les questions suivantes sur la vie des étudiants américains. Répondez à ses questions.

MODELE   —A quelle heure est-ce que les étudiants viennent à l'université le matin?
               —*Ils viennent à l'université à 8 heures du matin.*

1. Et toi, à quelle heure viens-tu à l'université le matin?

_____

2. Et à quelle heure est-ce que tu pars le soir?

_____

3. Les étudiants sortent-ils souvent pendant la semaine ou seulement le week-end?

_____

4. A quelle heure la bibliothèque ouvre-t-elle le samedi matin?

_____

5. Est-ce que ton campus offre beaucoup d'activités sportives?

_____

6. Y a-t-il beaucoup d'étudiants qui courent sur le campus? Et tes copains et toi, courez-vous?

_____

7. D'habitude, tes copains et toi, vous venez en cours à l'heure?

_____

8. Est-ce que les étudiants dorment tard pendant le week-end? Et toi, tu dors souvent tard le matin?

_____

9. En général, les étudiants obtiennent-ils leur diplôme en quatre ans?

_____

10. Et toi, penses-tu obtenir ton diplôme en quatre ans?

_____

C. Descriptions. Complétez les phrases suivantes avec la forme correcte des adjectifs entre parenthèses.

      MODELE   Cette année mes cours sont assez *faciles* et *intéressants*. (facile / intéressant)

    1. Ma prof de français est très _____ et _____. (gentil / amusant)

    2. Ces _____ filles que tu vois sur le campus, ce sont de _____ amies. (jeune / bon)

    3. Elle porte une robe _____ et des chaussures _____. (blanc / beige)

    4. Nous avons une _____ bibliothèque sur le campus. Elle est toute _____. (beau / neuf)

    5. Toutes mes copines sont très _____, mais mes copains ne sont pas du tout _____. (sportif / actif)

    6. Voilà l'_____ voiture de mes parents. Elle est assez _____. (ancien / vieux)

D. Comment sont-ils? Dans un email à votre correspondant(e) en France, vous décrivez différents aspects de votre vie. Ajoutez des adjectifs de la liste suivante pour transformer les phrases. Faites attention à l'accord et à la position de l'adjectif.

Adjectifs: bon, chinois, difficile, facile, gentil, grand, intéressant, jeune, joli, nouveau, optimiste, petit, performant, régional, triste

      MODELE   J'ai un appartement.

                *J'ai un **grand** appartement.*

    1. J'ai beaucoup d'amis sur Facebook. _____

    2. J'ai généralement beaucoup de cours. _____

    3. Le prof de chimie donne beaucoup de devoirs. _____

    4. Nous avons la chance d'avoir un stade sur notre campus. _____

    5. Le restaurant universitaire a des spécialités chaque semaine. _____

    6. Je viens de chatter avec un étudiant français. _____

    7. Mme Rochard est un professeur de littérature. _____

    8. Je voudrais acheter un portable. _____

E. Quelques personnes importantes. Etablissez l'identité des personnes suivantes en faisant des phrases avec **c'est** ou **ce sont**. Ensuite, décrivez ces personnes dans des phrases contenant **il / elle est** ou **ils / elles sont**.

MODELE   votre cousin
   a. *C'est Jack.*   ou   *C'est le mari d'Anne.*
   b. *Il est gentil.*   ou   *Il est ingénieur.*

1. votre frère ou votre sœur

   a. _____

   b. _____

2. votre meilleur(e) ami(e)

   a. _____

   b. _____

3. vos professeurs

   a. _____

   b. _____

4. vos copines

   a. _____

   b. _____

5. vos camarades de chambre

   a. _____

   b. _____

F. La famille Dumont. Complétez chaque phrase par la forme convenable de l'adjectif possessif.

MODELE   Béatrice aime *ses* amis. Elle fréquente surtout *son* amie Agnès et *son* copain Thomas. *Son* petit ami s'appelle Jean-Marc.

1. Philippe et Maryse retrouvent souvent _____ copains au café. Ils parlent beaucoup

   de _____ professeur de philosophie et de _____ cours.

   _____ vie d'étudiant est dynamique.

2. M. Dumont aime _____ profession. Il adore _____ famille et

   _____ enfants. Il rentre tous les jours pour le repas de midi.

3. Et vous, Mme Dumont, aimez-vous _____ profession? Retrouvez-vous souvent

   _____ amis? Faites-vous des excursions avec _____ mari et

   _____ enfants?

4. Et toi, Bruno, tu joues souvent au foot avec _____ copains?

   _____ vie est active, n'est-ce pas? Est-ce que _____

   ami va bientôt arriver pour regarder la télé?

G. Et votre famille? Parlez des personnes suivantes en employant des adjectifs possessifs dans vos phrases.

  MODELE   votre cousine
  Ma cousine habite à La Nouvelle-Orléans.

  1. un de vos parents

  _____

  2. vos grands-parents (ou votre grand-mère ou grand-père)

  _____

  3. votre frère ou votre sœur

  _____

  4. vos cousins ou vos cousines

  _____

  5. votre oncle ou votre tante

  _____

H. La génération Z. Un étudiant français qui passe l'année scolaire dans votre université vous pose les questions suivantes sur la vie des étudiants américains. Répondez à ses questions.

  1. C'est qui, la génération Z?

  _____

  2. Est-ce que tous les étudiants américains ont un portable?

  _____

  3. Que font-ils le plus souvent avec leur portable?

  _____

  4. Est-ce qu'ils regardent encore beaucoup la télévision?

  _____

  5. Pourquoi n'utilisent-ils plus beaucoup un appareil photo?

  _____

  6. Où écoutent-ils leurs chanteurs préférés?

  _____

  7. Que préfèrent-ils? Aller au cinéma ou regarder des films à la maison avec un lecteur DVD ou un lecteur Blu-ray?

  _____

  8. Que font-ils sur Internet?

  _____

I. En préparation... Préparez-vous à parler de votre vie quotidienne en écrivant l'adverbe qui correspond à chacun des adjectifs suivants.

1. fréquent _____   6. constant _____

2. rare _____   7. bon _____

3. complet _____   8. régulier _____

4. ancien _____   9. prochain _____

5. impatient _____   10. gentil _____

J. La vie quotidienne. Employez les éléments suivants et les adverbes de l'activité I pour décrire votre vie quotidienne.

   MODELE   s'habiller en jean

   Moi, je m'habille rarement en jean.

1. aller à la bibliothèque _____

2. faire du sport _____

3. jouer au tennis _____

4. parler _____

5. sortir _____

K. Quelques comparaisons. Complétez les phrases suivantes de façon logique en utilisant la forme comparative des adjectifs entre parenthèses.

   MODELE   Mon père est *plus jeune que* ma mère. (jeune)

1. Ma mère est _____ mon père. (âgé)

2. Mon colocataire est _____ mon copain. (gentil)

3. Les CD sont _____les DVD. (cher)

4. La cuisine américaine est _____ la cuisine française. (bon)

5. Les vacances sont _____ les congés. (long)

6. Je suis _____ mes copains. (sportif)

7. La rentrée en septembre est _____ le départ en juin. (triste)

8. Ma voiture est _____ la voiture de mon copain. (vieux)

L. Ça, c'est le comble! Décrivez les personnes et les choses suivantes en employant la forme superlative et les adjectifs donnés.

   MODELE   Los Angeles: intéressant   *Los Angeles est la ville la plus intéressante du monde.*

1. la Smart: cher _____

2. mon professeur de français: dynamique _____

3. mon copain (ma copine): bon étudiant _____

4. ce restaurant: mauvais _____

5. ma famille: gentil _____

M. Votre entourage et vous. Employez les éléments suivants pour composer des phrases. Utilisez une des formes comparatives de l'adverbe.

MODELE   je / mes copains travailler à la bibliothèque (souvent)

Je travaille à la bibliothèque plus (moins / aussi) souvent que mes copains.

1. je / mon (ma) colocataire se coucher (tôt)

   _____

2. je / mon (ma) colocataire comprendre le français (facilement)

   _____

3. je / mon (ma) meilleur(e) ami(e) étudier (sérieusement)

   _____

4. mon prof d'histoire / mon prof de français parler (vite)

   _____

5. les DVD / les CD côuter (cher)

   _____

6. nous / notre professeur de français danser (bien)

   _____

7. mon cours de maths / mon cours d'anglais passer (vite)

   _____

8. mes copains / mes parents aimer le rock (bien)

   _____

© Gillian Darley; Edifice / CORBIS

Nom _____ Date _____

N. Au jardin du Luxembourg. Regardez bien la photo à la page précédente et écrivez au moins cinq phrases pour la décrire. Utilisez des comparatifs, des superlatifs et des adjectifs démonstratifs.

_____

_____

_____

_____

_____

_____

_____

_____

_____

_____

_____

_____

_____

_____

_____

_____

_____

_____

_____

_____

_____

_____

_____

_____

La rédaction par étapes

Le portrait de ma meilleure amie. Lisez attentivement le résumé suivant qui va vous servir d'exemple.

Ma colocataire est ma meilleure amie. C'est une fille formidable et très dynamique. Elle est un peu plus âgée que moi. Elle est grande, blonde, mince et élégante et aussi très bavarde. Nous passons des heures à parler de nos problèmes et elle donne toujours de bons conseils. Elle étudie les sciences politiques et veut devenir ambassadrice. Elle aime lire les journaux et comprendre ce qui se passe dans le monde. Elle est toujours curieuse et pose toujours beaucoup de questions. Mais elle est aussi très étourdie *(scatterbrained)*. Elle est aussi très désordonnée et elle ne sait jamais où sont ses affaires. Elle est beaucoup plus optimiste que moi et elle ne s'inquiète pas souvent. Elle aime le sport, les plages en été et les vieux films en noir et blanc. C'est une fille courageuse et travailleuse. Je ne m'ennuie jamais avec elle. C'est vraiment ma meilleure amie!

Etape 1: Mise en train

A. Vous allez réfléchir à ce que vous aimez particulièrement chez votre meilleur(e) ami(e). Vous pouvez lire des portraits de jeunes dans des magazines ou sur Internet.

B. Ensuite, à partir du vocabulaire actif présenté dans votre manuel et de votre dictionnaire, préparez une liste du vocabulaire nécessaire pour écrire le brouillon de votre portrait. Essayez de présenter votre ami(e) de manière originale et amusante. Insistez sur les qualités morales, les contrastes, les défauts, les manies, les particularités que vous avez remarqués. Evitez de faire un portrait monotone sous la forme d'une liste. Votre portrait doit être aussi intéressant que possible, donc variez le style et la longueur des phrases. Evitez les verbes **être** et **avoir** autant que possible.

 C. Rendez-vous sur le site Web d'*Interaction* pour trouver des éléments sur la description physique, les vêtements, les habitudes et le comportement.

Etape 2: S'exprimer par écrit

D. Maintenant que votre recherche est terminée, que vous avez une idée précise du portrait de votre meilleur(e) ami(e) et que vos idées sont organisées, écrivez votre composition. Faites bien attention aux adjectifs et aux adverbes choisis.

> **SYSTÈME-D**
>
> Utilisez les rubriques suivantes dans le **Système-D:**
>
> **Phrases:** describing people
> **Vocabulary:** body-eyes-hair, clothing, colors, personality, professions
> **Grammar:** adjective agreement and position, possessive adjective

🌐 Interaction cinéma: Pour aller plus loin

Emotions: **Court-métrage d'Emmanuelle Jay, Société de production: Agence-synapsis – 2005**

A. Avant le troisième visionnage. Avant de regarder le court-métrage encore une fois, répondez aux questions suivantes.

1. Quelle forme prend la narration du film?

   _____

2. Qui est le personnage principal du film?

   _____

3. De quoi est-ce qu'elle parle?

   _____

B. Après le troisième visionnage. Complétez les pensées du personnage principal.

Chapitre un

Bah l'amour, c'est quand on _____ quelqu'un fort, fort, fort, fort, fort… et qu'après bah on

devient amants, après on fait des bébés euh on _____, on fait des bébés. Voilà. Enfin, ça évoque

_____ de… de… de… d'assez _____. Voilà. Mais… j'ai déjà aimé

un garçon, oui.

Chapitre deux

Pour moi, la souffrance _____ assez euh… bah, c'est _____

dirais-je? En fait, la souffrance c'est quelque chose dont on ne veut pas que ça, ça… ça, ça se passe mais ça va quand

même se passer et tu souffres donc, tu pleures, t'es pas _____, tu… tu… tu veux plus parler à

_____, tu veux plus qu'on te touche. Enfin, pour moi ça évoque ça, mais bon, pour d'autres

peut-être ça évoque quelque chose _____.

Chapitre trois

S'aimer soi-même c'est une expression pour dire… euh… que _____, que j'aime bien, que je me

sens bien dans ma peau, que je me trouve _____. Mais sinon c'est comme Narcisse, tu tombes

_____ de ton visage.

C. A vous. Imaginez que vous avez le même âge qu'Inès. Faites une comparaison entre elle et vous.

> **MODELE** être bavard:
> *Inès est plus (moins / aussi) bavarde que moi.*

1. être intelligente: _____

2. s'intéresser à l'amour: _____

3. avoir les cheveux bouclés: _____

4. parler français: _____

5. avoir de l'expérience: _____

CHAPITRE 4

Les télécommunications

Activités orales

Pour mieux comprendre

 CD2-24

La télé américaine. Ecoutez attentivement la conversation entre Catherine et Laurent puis faites les exercices suivants. Vous pouvez écouter la conversation plusieurs fois, si cela est nécessaire.

A. Compréhension générale. Cochez (✓) la réponse correcte aux questions suivantes.

☐ oui	☐ non	**1.** Laurent a-t-il passé un an aux Etats-Unis?
☐ oui	☐ non	**2.** Est-ce que Laurent a regardé la télé en ligne quand il est arrivé aux Etats-Unis?
☐ oui	☐ non	**3.** Est-ce que Laurent a regardé la télé cinq heures tous les jours?
☐ oui	☐ non	**4.** Est-ce que Laurent désirait *(wanted)* se perfectionner en anglais?
☐ oui	☐ non	**5.** Est-ce qu'il y a plus de chaînes aux Etats-Unis qu'en France?
☐ oui	☐ non	**6.** Catherine connaît-elle bien les émissions américaines?
☐ oui	☐ non	**7.** Beaucoup d'émissions américaines sont-elles diffusées en France?
☐ oui	☐ non	**8.** Est-ce que Laurent pense que la télé américaine est ennuyeuse?
☐ oui	☐ non	**9.** Laurent a-t-il regardé beaucoup d'émissions de téléréalité?
☐ oui	☐ non	**10.** Est-ce que Laurent trouve que la télé aide à apprendre une langue étrangère?

B. Choisissez la bonne réponse. D'après cette conversation, choisissez la bonne réponse pour compléter les phrases suivantes.

1. Quand Laurent est arrivé à Chicago, il (a pris une mauvaise décision / a acheté un poste de radio / a regardé longtemps la télé).

2. Catherine pense que la télé américaine (est de la même qualité / est plus monotone / offre plus de choix) que la télé française.

3. D'après Laurent, les émissions à la télé américaine sont (intéressantes / toujours excellentes / diversifiées).

4. Quand une émission ne plaît pas à Laurent, il (éteint la télé / regarde un autre programme / s'endort).

5. Selon Laurent, regarder la télévision dans une langue étrangère, c'est très (fatigant / utile / drôle).

C. Compréhension détaillée. Complétez les phrases suivantes pour résumer les détails les plus importants de la conversation.

1. Quand Laurent est arrivé à Chicago, il a pris la décision de regarder la télé au moins _____.

   _____.

2. Il est allé acheter _____ et il s'est abonné au _____.

3. Le premier jour, il a regardé la télé pendant _____.

4. Laurent a apprécié _____.

5. Laurent a appris que _____.

◁)) CD2-25

D. Le téléviseur HD est en panne. Ecoutez attentivement la conversation suivante entre Marc et la propriétaire de l'appartement qu'il occupe. Puis indiquez si les phrases suivantes sont vraies **(V)** ou fausses **(F)**. Vous pouvez écouter la conversation plusieurs fois si nécessaire.

_____ 1. Le téléviseur de Marc est en panne.

_____ 2. Marc n'a pas pu allumer le téléviseur.

_____ 3. Marc n'a pas pu régler l'image.

_____ 4. C'est un vieil appareil.

_____ 5. Marc a remarqué le problème hier soir.

_____ 6. Il y a un atelier de réparation dans la rue Nationale.

_____ 7. Marc va apporter le téléviseur chez M. Duval.

_____ 8. La propriétaire ne veut pas envoyer le téléviseur chez M. Duval.

_____ 9. La propriétaire descend tout de suite chez M. Duval.

_____ 10. Marc remercie la propriétaire.

◁)) CD2-25

E. Repérage grammatical. Dans la conversation que vous venez d'entendre, Marc et la propriétaire utilisent des expressions verbales au **passé composé**. Dans la liste suivante, cochez (✓) uniquement les verbes que vous entendez au **passé composé**. Vous pouvez écouter le dialogue plusieurs fois si nécessaire.

1. téléphoner	_____	9. devoir	_____
2. être en panne	_____	10. vouloir	_____
3. comprendre	_____	11. regarder	_____
4. pouvoir	_____	12. s'apercevoir	_____
5. régler	_____	13. être d'accord	_____
6. réussir	_____	14. apporter	_____
7. acheter	_____	15. descendre	_____
8. voir			

🔊 CD2-26

F. Comment se connecter sur Internet? Ecoutez attentivement la conversation entre Serge et Christine. Ensuite, décidez si les phrases sont probables (**P**) ou improbables (**I**).

_____ **1.** Serge vient d'acheter son premier ordinateur.

_____ **2.** Serge a essayé plusieurs fois de se connecter sur Internet.

_____ **3.** Christine pense que le problème est le système d'exploitation.

_____ **4.** Le modem est en panne.

_____ **5.** Christine connaît bien le site Internet d'Orange.

_____ **6.** On peut trouver des conseils sur comment envoyer et recevoir des emails sur la page d'accueil d'Orange.

_____ **7.** Pour utiliser certains services d'Orange, il faut un mot de passe.

_____ **8.** Serge va essayer de se connecter avant l'arrivée de Christine.

A vous la parole!

🔊 CD2-27

G. Les expressions idiomatiques. Vous parlez avec vos colocataires de ce que vous allez regarder à la télé ce soir. Utilisez l'expression idiomatique appropriée pour compléter chaque phrase. (N'oubliez pas de changer la forme du verbe si nécessaire.)

Expressions: en direct, être en panne, changer de chaîne, passer à la télé, mettre la télé en marche, être branché(e)

MODELE VOUS ENTENDEZ: On regarde le concert de Youssou N'Dour sur France 2 ce soir?
VOUS COMPLÉTEZ: Oui, il va être diffusé *en direct.*
VOUS DITES: *Il va être diffusé en direct.*

1. Oui, ce soir, il y a plusieurs émissions intéressantes qui _____.

2. Pourquoi? Elle _____?

3. Est-ce qu'elle _____?

4. Maintenant tu peux _____.

5. D'accord, je vais _____.

🔊 CD2-28

H. Vos habitudes. Vous allez entendre une série de questions sur vos habitudes et celles de vos camarades à l'université. Répondez aux questions.

MODELE VOUS ENTENDEZ: Est-ce que tu suis beaucoup de cours ce semestre?
VOUS DITES: *Oui, je suis beaucoup de cours ce semestre.*
OU: *Non, je ne suis pas beaucoup de cours ce semestre.*

(Numéros 1 à 9)

Nom _____ Date _____

 CD2-29

I. Sondage. Un de vos camarades de classe fait une enquête sur les habitudes des internautes. Répondez à chaque question selon les informations données.

    MODELE   Vous entendez: As-tu utilisé Internet hier soir?
                Vous lisez: oui / pendant trois heures
                Vous dites: *Oui, j'ai utilisé Internet hier soir pendant trois heures.*

    1. à six heures

    2. pour vérifier mon courrier électronique

    3. trois ou quatre soirs

    4. à peu près quatre heures

    5. non / ne pas aimer

    6. oui / plusieurs

    7. non / détester

    8. Facebook

 CD2-30

J. Quelle coïncidence! Un ami que vous n'avez pas vu depuis longtemps vous parle de ses projets pour le week-end prochain. C'est bizarre, c'est exactement ce que vous avez fait le week-end dernier. Dites-le à votre ami!

    MODELE   Vous entendez: Samedi prochain, je vais à une fête.
                Vous dites: *Samedi dernier, je suis allé(e) à une fête.*

(Numéros 1 à 7)

 CD2-31

K. Qu'est-ce qui est arrivé? Par erreur, on vous a accordé une mauvaise note finale à votre cours de français. Votre ami vous pose quelques questions. Répondez en utilisant les éléments proposés.

    MODELE   Vous entendez: As-tu parlé au prof?
                Vous lisez: non / pas
                Vous dites: *Non, je n'ai pas parlé au prof.*

    1. non / jamais

    2. non / pas

    3. non / ni... ni...

    4. non / personne

    5. non / rien

    6. non / pas encore

CD2-32

Proverbe

Vous allez entendre un proverbe français. Choisissez la phrase qui explique le sens de ce proverbe.

Aide-toi et le ciel t'aidera *(heaven will help you)*.

- **a.** Tu dois faire des efforts.
- **b.** Le ciel ne peut pas te venir en aide.
- **c.** Le travail est toujours récompensé *(rewarded)*.
- **d.** Il faut attendre l'aide d'autres personnes.

 CD2-33

Prononcez bien!

L'enchaînement des mots

En français oral, les mots s'unissent les uns aux autres. Ainsi, la division graphique des mots disparaît.

L'enchaînement vocalique

Dans une phrase, lorsqu'un mot se termine par une voyelle et que le mot suivant commence par une voyelle, on prononce ces deux voyelles sans interruption (même s'il s'agit de deux voyelles distinctes). C'est l'**enchaînement vocalique.**

MODELES	réamorcer	[reamɔʀse]	4 syllabes orales
	Tu es passée à la télé.	[tyepɑsealatele]	8 syllabes orales
	s'abonner à un magazine	[sabɔneaɛ̃magazin]	8 syllabes orales

 CD2-34

A votre tour!

A. Ecoutez et répétez les phrases suivantes.

1. Tu es allé au théâtre.
2. Théo a acheté un billet à l'aéroport.
3. J'ai aussi un ordinateur.
4. Léa a rendez-vous au café.
5. Mon ami a étudié l'informatique.

 CD2-35

B. Ecoutez les phrases suivantes puis indiquez le nombre de syllabes pour chacune d'elles.

MODELE	8 syllabes	9 syllabes	10 syllabes	11 syllabes
Léo est allé au théâtre à vélo.				✓
1.				
2.				
3.				
4.				
5.				

CD2-36

L'enchaînement consonantique

Dans une phrase, lorsqu'un mot se termine par une consonne et que le mot suivant commence par une voyelle, on forme une même syllabe avec ces deux sons. C'est l'**enchaînement consonantique**[1].

> **MODELE**   La pub est intéressante.

1. Lorsqu'un mot se termine par une lettre muette, l'enchaînement se fait avec la consonne qui précède.

> **MODELE**   Le portable est pratique en voyage.

2. Lorsqu'un mot se termine par deux consonnes formant un groupe, l'enchaînement se fait avec les deux consonnes.

> **MODELE**   La règle est la même pour tous les utilisateurs d'Internet.

 CD2-37

A votre tour!

C. Ecoutez et répétez les phrases suivantes.

1. Le répondeur est tombé en panne.

2. Il s'abonne à un service Internet.

3. Il achète un programme interactif.

4. Elle a trente abonnés à son site.

5. Jeanne allume automatiquement la télé.

 CD2-38

D. Pour chacune des phrases suivantes, indiquez les enchaînements vocaliques [‿], les enchaînements consonantiques [└┘] et les **e** muets **(e)**.

> **MODELE**   Le portable est pratique en voyage.

1. Raoul a eu quarante ans.

2. Elise a habité quatre ans en Corse.

3. Tu as reçu un portable en cadeau?

4. On diffuse un feuilleton américain en ligne.

5. Elle a parlé italien avec Alice, sa grande amie.

---

[1]Il y a une différence entre l'enchaînement consonantique et la liaison (voir Chapitre 5). Dans l'enchaînement consonantique, la consonne enchaînée (└┘) est toujours prononcée.

MODELES   l'enchaînement consonantique: Il éteint la télé.   Il répond au courrier.
              la liaison: On regarde le petit écran.   Il s'achète un petit portable.

Activités écrites

Structures et vocabulaire actif

🔊 CD2-39

Dictée

La télévision a-t-elle changé nos vies? Laurent regarde un programme à la télévision qui explique comment la télévision a changé notre comportement *(behavior).* Vous allez entendre le passage suivant trois fois. La première fois, écoutez simplement, la deuxième fois, écrivez et la troisième fois, vérifiez attentivement votre texte.

_____

_____

_____

_____

_____

_____

A. La technologie et les télécommunications. Lisez chaque série de mots. Puis, indiquez le mot qui n'est pas logique.

	MODELE	l'écran	le moniteur	la souris	~~le logiciel~~
1.	une antenne parabolique	un téléviseur	un ordinateur	une chaîne
2.	un mot de passe	un mot clé	un réseau	un pseudo
3.	la page d'accueil	la série	la messagerie	le navigateur
4.	un répondeur	un fichier	un salon de chat	un email
5.	le télétravail	le téléspectateur	la télécommande	la télé
6.	allumer	éteindre	mettre en marche	naviguer
7.	les actualités	un feuilleton	un système d'exploitation	une pub
8.	le téléachat	le zapping	des achats à domicile	le shopping en ligne
9.	numérique	accro	diffusé	par câble
10.	naviguer	un internaute	en ligne	branché

Nom _____ Date _____

B. Que faites-vous? Avec un(e) camarade de classe, vous préparez des questions pour interviewer un étudiant français à votre université. Complétez ces questions en employant la forme convenable du verbe entre parenthèses.

MODELE   Est-ce que les étudiants français *écrivent* beaucoup de dissertations pour chaque cours? (écrire)

1. Dans quels cours est-ce que tu _____ beaucoup? (écrire)

2. On _____ beaucoup avant chaque cours, non? (lire)

   En cours d'anglais, est-ce que vous _____ beaucoup? (lire)

3. Combien de cours est-ce que les étudiants français _____ par an? (suivre)

   Et toi, combien de cours _____-tu cette année? (suivre)

4. Tes camarades de classe et toi, est-ce que vous _____ vos repas chez vous ou au restaurant universitaire? (prendre)

   Y a-t-il beaucoup d'étudiants qui _____ leurs repas dans les restaurants à côté du campus? (prendre)

   Qu'est-ce que tu _____ normalement au petit déjeuner et au déjeuner? (prendre)

5. Est-ce que tu _____ ta moto sur le grand parking avec les voitures ou dans la rue? (mettre)

6. Qu'est-ce qu'on _____ pour aller à une soirée? (mettre)

   Et tes copains et toi, que _____-vous pour aller à un concert? (mettre)

7. J'ai entendu dire que les étudiants français _____ de l'alcool pendant les soirées. C'est vrai? (boire)

   Et tes copains et toi, vous _____ de l'alcool chaque soir au dîner? (boire)

8. Tes camarades de classe et toi, est-ce que vous _____ de bons restaurants en ville? (connaître)

   Tu _____ une étudiante américaine qui passe l'année ici à cette université? Elle vient de ma ville natale? (connaître)

9. Est-ce que les profs te _____ bonjour quand ils te voient sur le campus? (dire)

   Et toi, tu leur _____ bonjour aussi? (dire)

10. Les étudiants _____ bien parce qu'ils ont beaucoup d'argent, n'est-ce pas? (vivre)

    Et toi, tu _____ bien aussi? (vivre)

C. Voici ce que tout le monde a fait. Complétez chaque phrase par le **passé composé** du verbe entre parenthèses pour dire ce que tout le monde a fait le week-end dernier.

MODELE Dimanche après-midi, je *suis allé(e)* à un concert de jazz. (aller)

1. Moi, je (j') _____ à la bibliothèque. (travailler)

2. Mes amis et moi, nous _____ du vélo. (faire)

3. Mes profs _____ corriger nos examens. (devoir)

4. Samedi soir, mes parents _____ dîner avec moi. (venir)

5. Mon (Ma) colocataire _____ un ordinateur. (acheter)

6. Mes amies et moi, nous _____ en ville pour voir un film. (descendre)

7. Les étudiants de mon cours _____ un coca ensemble au café. (prendre)

8. Quand ma copine _____ son coca, elle _____. (finir / partir)

D. Le succès des émissions de téléréalité. Complétez chaque phrase par le **passé composé** d'un verbe logique de la liste.

comprendre, devenir, jouer, offrir, venir

1. La semaine dernière, plusieurs personnes _____ raconter leur vie sur le plateau de TV5.

2. Leur histoire _____ un miroir déformant de notre société.

3. Les téléspectateurs _____ le scénario de l'émission.

4. Les jeunes acteurs _____ leur rôle avec beaucoup de talent.

5. Mais aujourd'hui, les spectateurs pensent que la société _____ folle.

E. L'histoire d'Anne-Marie. Complétez le paragraphe suivant en utilisant le passé composé des verbes entre parenthèses. Faites attention à l'accord des participes passés.

Hier, Anne-Marie (décider) _____ de regarder la télé. Quand elle (rentrer)

_____, elle (descendre) _____ au salon. Elle (consulter)

_____ le programme, elle (choisir) _____ une émission et elle

(allumer) _____ le poste. Elle (prendre) _____ un coca et elle

(s'installer) _____ confortablement dans un fauteuil. Mais après quelques minutes devant la télé,

elle (préférer) _____ sortir. Elle (se laver) _____ les cheveux, elle

(s'habiller) _____ et elle (partir) _____ au cinéma.

F. A la résidence universitaire. Vous retrouvez votre colocataire à la fin de la journée. Employez les éléments indiqués pour lui poser des questions au **passé composé** et donnez ses réponses au négatif.

> **MODELE**   dîner / déjà (ne... pas encore)   *As-tu déjà dîné?*
>
>   *Non, je n'ai pas encore diné.*

1. sortir avec Robert / hier soir (ne... pas)

_____

_____

2. finir tes devoirs / maintenant (ne... pas encore)

_____

_____

3. aller au concert d'Adele ou au théâtre / la semaine dernière (ne... ni... ni...)

_____

_____

4. prendre un coca avec ton copain français / ce matin (ne... personne)

_____

_____

5. se coucher tard / jeudi dernier (ne... pas)

_____

_____

G. La télévision. Récrivez chaque phrase en plaçant l'adverbe donné au bon endroit.

1. La télévision a changé au cours des dernières décennies. (beaucoup)

_____

2. De nombreuses chaînes diffusant des programmes thématiques ont été ajoutées. (régulièrement)

_____

3. La télévision payante s'est développée avec plusieurs chaînes offertes au public. (énormément)

_____

4. Les chaînes câblées se sont multipliées. (aussi)

_____

5. Ce sont les appareils électroniques qui ont connu un développement rapide. (surtout)

_____

H. Cher professeur... Vous faites partie d'un groupe d'étudiants étrangers à Aix-en-Provence. Vous écrivez une lettre à votre professeur de français. Complétez-la en mettant les verbes au **passé composé.**

Hier, je / j' (accompagner) ___ mon ami français Philippe au café. Nous (descendre) ___ en ville où nous (retrouver) ___ les copains de Philippe au Café Margot. Nous (s'asseoir) ___ à la terrasse, nous (commander) ___ deux bières et nous (commencer) ___ à parler avec ses copains. Nous (échanger) ___ nos vues sur différents sujets. Le temps (passer) ___ vite. A sept heures je / j' (regarder) ___ ma montre et je / j' (penser) ___ au dîner chez Mme Fouché. Nous (payer) ___ nos bières et nous (dire) ___ au revoir aux copains. Nous (se presser) ___, mais nous (arriver) ___ en retard pour le dîner. Cependant, je / j' (bien s'amuser) ___ et je / j' (décider) ___ de retourner souvent dans ce café.

I. Chacun son Internet. Regardez le tableau, puis décrivez, en cinq phrases, certains des usages d'Internet des Français en 2011.

Chacun son Internet

Usages d'Internet selon les caractéristiques sociodémographiques (mars 2011, en % des 15 ans et plus ayant utilisé Internet au moins une fois)

	Messagerie électronique	Recherche d'informations sur des biens et services	Compte bancaire	Apprendre, enrichir ses connaissances	Vacances	Informations sur la santé	Conversations, forums de discussion	Vendre aux enchères	Lire ou télécharger journaux ou magazines	Télécharger des logiciels (autre que jeux)	Rechercher un emploi
Ensemble	**91,1**	**82,6**	**65,6**	**62,1**	**51,8**	**45,9**	**41,1**	**29,2**	**27,0**	**25,2**	**20,1**
Hommes	91,8	82,6	67,3	65,2	52,9	39,2	41,8	32,2	31,8	32,9	20,7
Femmes	90,5	82,6	63,9	59,0	50,8	52,3	40,5	26,2	22,3	17,6	19,6
15-29 ans	93,9	84,4	59,3	68,8	51,0	47,6	77,4	32,4	28,7	40,1	32,5
30-44 ans	90,8	85,4	72,7	60,3	60,1	46,2	34,1	35,0	27,0	23,1	23,0
45-59 ans	90,3	81,9	67,5	58,7	50,6	42,9	25,6	25,0	24,5	17,7	14,1
60-74 ans	89,8	76,5	62,4	58,2	40,2	48,3	15,4	20,2	29,7	15,2	0,5
75 ans et plus	73,3	54,9	34,0	65,4	18,5	42,8	4,7	3,5	22,1	7,6	1,2

Source: Updated from Tableau 3, Vincent Gombault, "Deux ménages sur trois disposent d'internet chez eux," Insee Première, No 1340-Mars 2011, p. 3. Data source: Insee, enquête Technologies de l'information et de la communication d'avril 2010.

_____

_____

_____

_____

_____

_____

_____

_____

_____

_____

La rédaction par étapes

Mon programme de télé préféré. Vous avez une présentation à faire pour votre cours de français et vous devez parler du programme de télé que vous préférez en expliquant les raisons de votre préférence. Pour justifier votre choix, vous illustrez votre présentation en décrivant en détail la dernière émission que vous avez vue de votre programme préféré. Utilisez le **passé composé.**

Etape 1: Mise en train

A. Vous allez réfléchir à tous les programmes que vous aimez regarder à la télé et choisir celui qui vous passionne le plus. Votre choix doit être intéressant pour un sujet de présentation en classe (fréquence de l'émission, qualité de l'information, niveau de langue, intérêt historique, scientifique ou simple divertissement). Consultez attentivement une liste de programmes télévisés avant de faire votre choix.

B. Ensuite, faites une liste de toutes les qualités que présente le programme de votre choix.

 C. Consultez des programmes télévisés français sur Internet pour trouver le vocabulaire nécessaire. **TV 5** est un bon exemple.

Etape 2: S'exprimer par écrit

D. Maintenant que vous avez terminé votre liste et que vous avez vérifié le vocabulaire dont vous avez besoin, rédigez une petite narration au **passé composé** qui va illustrer votre présentation. Assurez-vous de rendre ce récit intéressant en utilisant beaucoup de verbes d'action et en communiquant votre enthousiasme pour le programme que vous avez choisi.

SYSTÈME-D

Utilisez les rubriques suivantes dans le **Système-D:**

Phrases: stating a preference, expressing opinion or preference, sequencing events
Vocabulary: days of the week, entertainment, time expressions
Grammar: compound past tense

🌐 Interaction cinéma: Pour aller plus loin

Rien de grave: **Court-métrage de Renaud Philipps, Société de production: Les productions du Trésor – 2004**

A. Avant le troisième visionnage. Avant de regarder le court-métrage encore une fois, résumez les événements principaux du film en choisissant la bonne terminaison de chaque phrase.

    1. Le chauffeur s'arrête parce qu'...

        a. il est fatigué.

        b. il est entré dans une zone où le réseau de communication n'est plus disponible.

    2. Dans la cabine téléphonique, il n'arrive pas à passer son coup de fil parce que...

        a. le téléphone n'accepte pas les cartes bancaires.

        b. le téléphone est en panne.

    3. Le chauffeur est obligé de casser la vitre de la cabine téléphonique parce que...

        a. la porte de la cabine est bloquée et il n'arrive pas à en sortir.

        b. il a besoin d'air.

    4. Le deuxième chauffeur se fâche contre le premier chauffeur parce qu'...

        a. il lui a volé sa voiture.

        b. il lui prend son portable.

    5. Quand l'avion atterrit sur la route, le premier chauffeur continue à parler, sans faire attention parce qu'...

        a. il ne l'entend pas.

        b. il réussit enfin à passer son coup de fil.

B. Après le troisième visionnage. Choisissez la phrase la plus logique dans chaque paire.

    1. a. Ici Paris contrôle. Quel est votre indicatif?

       b. Ici Paris contrôle. Où êtes-vous actif?

    2. a. J'ai fait un faux numéro.

       b. Je me suis trompé de numéro.

    3. a. Oui chère dame, le téléphone s'est arrêté.

       b. Oui chère dame, on a été coupé.

C. A vous. Répondez aux questions.

1. Dans ce film, en quoi consiste le suspens? Quels en sont les éléments principaux?

_____

_____

_____

_____

2. Est-ce que le titre *Rien de grave* représente une description correcte ou incorrecte de ce qui arrive dans le film? A votre avis, est-ce que ce titre est bien choisi? Pourquoi (pas)?

_____

_____

_____

_____

3. Pourquoi avez-vous décidé, oui ou non, d'avoir un téléphone portable? Vous en servez-vous souvent? Pour quelles raisons? Imaginez la vie moderne sans téléphone portable: Est-ce que tous les changements sont négatifs?

_____

_____

_____

_____

_____

_____

_____

_____

_____

_____

CHAPITRE 5

La presse et le message

Activités orales

Pour mieux comprendre

 CD3-2

Corinne à Paris. Ecoutez attentivement la conversation entre Corinne et Julien puis faites les exercices suivants. Vous pouvez écouter la conversation plusieurs fois, si cela est nécessaire.

A. Compréhension générale. Cochez (✔) la réponse correcte aux questions suivantes.

oui	non	
☐ oui	☐ non	**1.** Julien était au courant du voyage de Corinne à Paris?
☐ oui	☐ non	**2.** Corinne est allée à Paris il y a deux mois?
☐ oui	☐ non	**3.** Corinne s'intéresse beaucoup à l'art moderne?
☐ oui	☐ non	**4.** Corinne se levait tard le matin?
☐ oui	☐ non	**5.** Elle aimait se promener au jardin du Luxembourg?
☐ oui	☐ non	**6.** Elle voulait aller en Bretagne?
☐ oui	☐ non	**7.** Sa voiture marchait bien pendant son séjour à Paris?
☐ oui	☐ non	**8.** Elle est restée plus longtemps que prévu à Paris?

B. Choisissez la bonne réponse. D'après cette conversation, choisissez la bonne réponse pour compléter les phrases suivantes.

1. Corinne est allée à Paris parce qu'elle voulait (rendre visite à Julien / voir une exposition d'art / rendre visite à des amis).

2. Corinne est restée à Paris (pendant un mois / quelques semaines / un certain nombre de jours).

3. L'après-midi, Corinne (faisait une promenade / rendait visite à des amis / allait aux musées).

4. Les soirées de Corinne étaient occupées par (des pièces de théâtre / des sorties en boîte / des concerts).

5. Corinne n'est pas allée en Normandie parce que (sa voiture est tombée en panne sur la route / le garage était fermé pendant trois jours / sa voiture est restée au garage trop longtemps).

C. Compréhension détaillée. Complétez le paragraphe suivant pour résumer les détails les plus importants de la conversation.

Corinne est allée à _____

parce qu'elle voulait _____.

Pendant son séjour, elle allait _____

le matin où elle _____.

L'après-midi, elle _____.

Le soir, elle _____.

Elle voulait _____ mais elle n'a pas pu le

faire parce que _____.

🔊 CD3-3

D. L'Homme qui aimait les femmes. Ecoutez attentivement la conversation suivante entre Béatrice et Jerry. Puis dites si les affirmations suivantes sont vraies **(V)** ou fausses **(F)**. Vous pouvez écouter la conversation plusieurs fois si nécessaire.

_____ **1.** Le film de Truffaut est passé à la télé samedi soir.

_____ **2.** Jerry a consulté *Télé 7 jours* et a pu voir le film.

_____ **3.** Jerry n'a pas pu allumer son téléviseur.

_____ **4.** Béatrice pense que Jerry n'a pas eu de chance.

_____ **5.** Béatrice avait déjà vu le film.

_____ **6.** Le héros du film de Truffaut s'intéressait aux femmes.

_____ **7.** Jerry aime beaucoup les films de Truffaut.

_____ **8.** Jerry a la réputation d'aimer les femmes.

_____ **9.** Jerry veut être le sujet d'un film.

_____ **10.** Tom Cruise est le héros du film de Truffaut.

E. Repérage grammatical. Dans la conversation que vous venez d'entendre, Béatrice et Jerry utilisent des expressions verbales au **passé composé** et à l'**imparfait**. Dans la liste suivante, cochez (✓) les verbes que vous entendez au **passé composé** et ceux que vous entendez à l'**imparfait**. Vous pouvez écouter le dialogue plusieurs fois si nécessaire.

verbes	passé composé	imparfait
1. voir	_____	_____
2. allumer	_____	_____
3. passer	_____	_____
4. aimer	_____	_____
5. connaître	_____	_____
6. penser	_____	_____
7. vouloir	_____	_____
8. trouver	_____	_____
9. être	_____	_____
10. devenir	_____	_____

🔊 CD3-4

F. Ma lecture préférée. Ecoutez attentivement la conversation suivante où trois amis parlent des journaux qu'ils préfèrent lire. Ensuite, complétez chacune des phrases de façon logique.

Vocabulaire utile	
rébarbatif *off-putting*	**distrayant** *entertaining*
meurtre *murder*	**en gros** *roughly*
Bourse *Stock Exchange*	**soucis** *worries*
plein de *beaucoup de*	**mène son enquête** *leads an investigation*
personnages *characters*	**gâcherait** *would spoil*

1. D'après Jean-Michel, le journal le plus conservateur est...

   a. *Le Point.*

   b. *Le Monde.*

   c. *Libération.*

2. Mireille ne s'intéresse pas beaucoup à la presse parce qu'...

   a. elle préfère lire des romans.

   b. elle trouve les journaux trop politisés.

   c. elle n'a jamais le temps de lire.

3. Mireille trouve le roman policier qu'elle a lu passionnant car...

   a. ce roman parle de politique.

   b. l'intrigue se passe dans un endroit célèbre de Paris.

   c. ce roman résume la situation mondiale.

4. *Meurtre au Louvre* a permis à Mireille de...

   a. visiter le musée du Louvre.

   b. découvrir comment le musée fonctionne.

   c. mieux connaître Paris.

5. *Meurtre au Louvre* a pour sujet...

   a. le vol d'un sarcophage.

   b. la mort du directeur du musée.

   c. le trafic de drogue.

🔊 CD3-5

G. Des dates importantes. Vous allez entendre une série de dates importantes. Ecrivez l'année que vous entendez. Quand vous aurez terminé *(When you finish)* d'écrire toutes les dates, écrivez un bref commentaire pour expliquer pourquoi ces dates sont importantes.

a. _____

l'arrivée _____

b. _____

l'assassinat _____

c. _____

la guerre _____

d. _____

la guerre _____

e. _____

la première personne à _____

f. _____

_____

A vous la parole!

🔊 CD3-6

H. Un petit test sur la presse. Vous allez entendre des séries de mots. Répétez le mot qui n'est pas logique dans chaque série.

    MODELE   Vous entendez: distribuer, se tromper, se moquer, s'habituer
                   Vous dites: *distribuer*

(Numéros 1 à 8)

🔊 CD3-7

I. La presse à l'université. Vous allez entendre une série de questions qui concernent le journal de votre université. Répondez à ces questions précisément.

    MODELE   Vous entendez: Est-ce que le journal de votre université est un quotidien?
                   Vous dites: *Oui, le journal de notre université est un quotidien.*
                     ou *Non, le journal de notre université n'est pas un quotidien.*

(Numéros 1 à 6)

◀))) CD3-8

J. La télé quand vous étiez enfant. Un reporter du magazine *L'Express* vous interroge sur vos habitudes de téléspectateur / téléspectatrice quand vous étiez enfant. Répondez à ses questions.

> **MODELE** VOUS ENTENDEZ: Regardiez-vous la télé avec vos copains?
>
> VOUS DITES: *Oui, je regardais la télé avec mes copains.*
>
> ou: *Non, je ne regardais pas la télé avec mes copains.*

(Numéros 1 à 9)

◀))) CD3-9

K. On a tout prévu. Dans une conversation téléphonique avec vos parents, vous expliquez que votre colocataire est très organisé(e). Chaque fois que vous aviez l'intention de faire quelque chose, il / elle l'avait déjà fait. Complétez les phrases suivantes en disant que Michel (Michèle) a déjà tout fait.

> **MODELE** VOUS ENTENDEZ: J'allais acheter un tapis pour la chambre, mais...
>
> VOUS DITES: *Michel (Michèle) avait déjà acheté un tapis pour la chambre.*

(Numéros 1 à 6)

◀))) CD3-10

L. Les structures idiomatiques. Vous n'avez pas toujours le temps de vous tenir au courant de l'actualité. Choisissez une réaction à chaque phrase que vous entendez.

Réactions: Si j'avais le temps de lire un quotidien!

Et si nous regardions le reportage ensemble?

Je venais d'apprendre la nouvelle *(the news).*

Si j'avais su que ce programme passait hier soir!

Si je pouvais voir cette exposition!

Je bouquinais depuis deux heures de l'après-midi!

> **MODELE** VOUS ENTENDEZ: Il y un article très intéressant dans le journal ce matin.
>
> VOUS DITES: *Si j'avais le temps de lire un quotidien!*

(Numéros 1–5)

◀))) CD3-11

M. La vie d'étudiant. Un reporter d'un journal français fait une enquête sur la vie quotidienne des étudiants nord-américains. Répondez à ses questions et dites ce que vous avez fait hier soir. Vous allez entendre des questions à **l'imparfait** ou au **passé composé.** Vous devrez utiliser le même temps dans votre réponse.

> **MODELE** VOUS ENTENDEZ: Aviez-vous des devoirs hier?
>
> VOUS DITES: *Oui, j'avais des devoirs hier.*
>
> ou: *Non, je n'avais pas de devoirs hier.*

(Numéros 1 à 7)

Nom _____   Date _____

 CD3-12

Proverbe

Vous allez entendre un proverbe français. Choisissez la phrase qui explique le sens de ce proverbe.

Pas de nouvelles *(news),* bonnes nouvelles.

a. Tout ce qui *(that)* est nouveau est une bonne nouvelle.

b. Les nouvelles ne sont pas toujours bonnes.

c. Il est souvent préférable d'être sans nouvelles.

d. Les mauvaises nouvelles circulent vite.

 CD3-13

Prononcez bien!

L'enchaînement des mots: la liaison

En français oral, plusieurs consonnes finales ne se prononcent pas. Cependant, il arrive que ces mêmes consonnes se prononcent au contact de la voyelle initiale du mot qui suit. C'est la **liaison.**

MODELE   un‿événement [ɛ̃nevɛnmɑ̃]

les‿informations [lezɛ̃fɔʀmasjɔ̃]

c'est‿assez [setase]

 CD3-14

A votre tour!

A. Ecoutez et répétez les phrases suivantes.

    1. Les‿autres‿écrivains sont‿intéressés.

    2. Les‿encyclopédistes ont travaillé pendant vingt‿ans.

    3. Les plus‿heureux sont les‿Allemands et les Hollandais.

    4. Il faut les‿acheter dans‿un kiosque.

    5. Quand[1]‿il arrivait, nous allions‿au café.

Il existe trois types de liaison: la liaison obligatoire, la liaison interdite et la liaison facultative. Les deux derniers types sont présentés au Chapitre 6.

---

[1]La lettre **d** est prononcée [t] en liaison.

Nom _____   Date _____

La liaison obligatoire

1. entre le déterminant et le nom

   MODELES   les‿actualités

   mon‿exemplaire

   plusieurs‿articles

2. entre l'adjectif et le nom

   MODELES   un grand² ‿événement

   les petites‿annonces

3. entre le pronom sujet et le verbe

   MODELES   nous‿écoutons

   vous‿attendez

4. entre le verbe et le pronom sujet dans une inversion

   MODELES   paraît‿il

   se moque-t-‿elle²

5. entre un verbe à l'impératif et les pronoms **en** ou **y**

   MODELES   vas-y

   donnez-‿en

6. après certaines prépositions (**chez, dans, en, sans, sous**)

   MODELES   en‿avant

   sans‿abri

7. entre certains adverbes et l'adjectif qui suit (**bien, mieux, moins, plus, très, trop**)

   MODELES   très‿important

   bien‿intentionné

8. après les mots **quand**[1] (conjonction et non adverbe interrogatif) et **dont**

   MODELES   quand‿on veut

   dont‿il parle

 CD3-15

A votre tour!

B. Ecoutez les phrases suivantes, puis indiquez les liaisons obligatoires à l'aide du symbole [‿].

1. On allait manger chez elle quand il s'est mis à pleuvoir.

2. Les albums d'*Astérix* sont très importants dans la littérature jeunesse.

3. Plusieurs érudits ont participé à la rédaction du dictionnaire des sciences, des arts et des métiers.

4. Bien entendu, ils avaient trop à faire pour nous aider.

5. Allez-y, consultez *L'Equipe* pour connaître les grands événements sportifs.

 CD3-16

C. D'abord, indiquez les liaisons obligatoires à l'aide du symbole [‿]. Ensuite, écoutez chaque phrase et répétez-la.

1. Les séries américaines sont très à la mode en Europe.

2. Monsieur Duroy est invité à dîner chez eux.

3. Elles aimaient consulter les petites annonces et, de temps en temps, lire un article de fond.

4. Quand elle arrivait, son ami lui donnait les dernières informations.

5. Dans un pays comme la France, le sport est-il plus important qu'aux Etats-Unis?

---

² Dans cette construction, lorsque le **t** final du verbe est absent, on en ajoute un pour éviter la rencontre de deux voyelles.

🔊)) CD3-17

D. Répondez aux questions suivantes par une phrase complète. Portez une attention particulière aux liaisons. Vous allez entendre une réponse possible.

1. Lisez-vous un quotidien ou un hebdomadaire pour être au courant des actualités?

2. Trouvez-vous les journaux télévisés très intéressants ou pas trop intéressants?

3. Est-ce que vous écoutez toujours votre professeur de français quand il ou elle parle?

4. Est-ce que vous êtes bien informé(e) au sujet de ce qui se passe à l'université?

5. Et votre ami(e), est-elle ou est-il plus ou moins informé(e) que vous?

Activités écrites

Structures et vocabulaire actif

🔊)) CD3-18

Dictée

Quel journal lisez-vous? Jean-Michel et Mireille ont des goûts différents en matière de quotidiens. Vous allez entendre le passage suivant trois fois. La première fois, écoutez simplement, la deuxième fois, écrivez et la troisième fois, vérifiez attentivement votre texte.

_____

_____

_____

_____

_____

_____

_____

_____

_____

_____

_____

_____

_____

_____

_____

A. C'était comme ça. Répondez aux questions en mettant les verbes à l'**imparfait** pour décrire la situation et les circonstances d'autrefois.

> **MODELE** —Est-ce que tu manges toujours au restaurant universitaire?
>
> —Plus maintenant, non, mais je *mangeais* toujours au Resto-U pendant ma première année.

1. —As-tu beaucoup d'examens en cours?

   —Plus maintenant, non, mais j' _____ beaucoup d'examens quand j'étais au lycée.

2. —Est-ce que tes cours sont difficiles?

   —Non, mais les cours _____ difficiles quand j'ai commencé à l'université.

3. —Ton meilleur ami / Ta meilleure amie achète-t-il / elle des bandes dessinées?

   —Non, mais il / elle _____ tout le temps des bandes dessinées quand il / elle avait seize ans.

4. —Etudies-tu beaucoup ce semestre?

   —Non, mais j' _____ beaucoup le semestre dernier quand je suivais six cours.

5. —Aimes-tu surfer l'Internet?

   —Je n'ai pas le temps de surfer l'Internet ces temps-ci, mais j' _____ surfer l'Internet quand j'étais au lycée.

B. Un(e) accro de la télé. D'abord, mettez les verbes entre parenthèses à la forme convenable de l'**imparfait**. Ensuite, indiquez la lettre correspondant au cas qui justifie l'emploi de l'**imparfait**.

   a. décor ou action simultanée

   b. action habituelle

   c. état ou condition

   d. expression idiomatique

> **MODELE** Quand j'(être) *étais (c)* jeune, je (regarder) *regardais (b)* souvent la télé.

Tous les jours, je (1. rentrer) _____ (___) de l'école, j' (2. allumer) _____ (___) la télé et je (3. s'installer) _____ (___) devant le petit écran. Je (4. rester) _____ (___) là pendant des heures. Je (5. préférer) _____ (___) les vidéoclips sur MTV et les feuilletons. Je ne (6. vouloir) _____ (___) pas rater un seul épisode de *All My Children*. Malheureusement, pendant que je (7. regarder) _____ (___) ces émissions, je n'(8. étudier) _____ (___) pas et mon travail en (9. souffrir) _____ (___) énormément. Chaque fois qu'il y (10. avoir) _____ (___) un examen, mes notes (11. devenir) _____ (___) de plus en plus mauvaises. Heureusement que cette télé est tombée en panne!

C. Déjà? Complétez chaque phrase par le **plus-que-parfait** du verbe entre parenthèses. Attention! L'adverbe **(déjà, encore)** est placé entre le verbe auxiliaire et le participe passé.

MODELE   Quand le taxi est arrivé, je *n'avais pas **encore** pris* le petit déjeuner. (ne pas encore prendre)

1. Quand je suis arrivé(e), la classe _____. (commencer déjà)

2. Quand j'ai allumé l'ordinateur, j' _____ beaucoup de messages. (recevoir déjà)

3. Je ne pouvais pas aller au café parce que je _____ ma dissertation. (ne pas encore finir)

4. J'ai téléphoné à ma copine, mais elle _____ pour la bibliothèque. (partir déjà)

5. Heureusement, avant mon départ pour l'université, mes grands-parents _____ à utiliser leur nouveau télépone portable. (apprendre déjà)

D. Attention, danger! Votre professeur vous prévient *(warns)* que la différence entre l'**imparfait** et le **passé composé** est difficile pour les étudiants. Complétez chaque phrase avec un verbe de la liste au **passé composé**.

Verbes: ne pas comprendre, devoir, ne pas durer, échouer, faire

1. L'année dernière, mes étudiants croyaient bien comprendre, mais ils _____ beaucoup de fautes à l'examen final.

2. Je pensais avoir bien expliqué mais malheureusement ils _____ cette règle de grammaire.

3. Cette leçon était vraiment la plus difficile et je / j' _____ la recommencer deux fois.

4. Je voulais absolument réussir à leur expliquer la différence, mais je / j' _____.

5. J'avais pourtant beaucoup d'espoir au début du semestre, mais cela _____ très longtemps.

E. A vous! Choisissez entre l'imparfait et le passé composé pour compléter les phrases.

1. L'année dernière, en cours, je / j' _____ de ne pas comprendre les explications mais à la fin du semestre, je / j' _____ brillamment à mon examen. (avoir peur, réussir)

2. Mes parents _____ que je / j' _____ suffisamment, mais je / j' _____ leur prouver le contraire. (penser, ne pas travailler, pouvoir)

3. Pendant que le professeur _____, je / j' _____ toujours des notes et ainsi, je / j' _____ les bonnes réponses. (parler, prendre, ne pas oublier)

4. Mes camarades de classe ___ pourquoi je / j' _____ toujours les réponses, alors je leur _____ ma stratégie. (ne pas comprendre, savoir, expliquer)

5. Ce cours ___ vraiment difficile mais finalement je / j' _____ les efforts de mon professeur. (être, apprécier)

F. Un rendez-vous avec Philippe. Pendant votre séjour en France, vous racontez à votre meilleur(e) ami(e) ce que vous avez fait la journée précédente. Complétez la description en mettant les verbes entre parenthèses au **passé composé** ou à l'**imparfait** selon le contexte.

Hier, il (1. faire) _____ très beau et je / j' (2. accompagner) _____ mon ami

français Philippe au café. Nous (3. descendre) _____ en ville où nous (4. retrouver) _____

les copains de Philippe au Café Margot. Nous (5. s'asseoir) _____ à la terrasse, nous (6. commander)

_____ deux bières qui (7. être) _____ très froides et nous (8. commencer)

_____ à parler avec ses copains. Nous (9. regarder) _____ les gens qui (10. passer)

_____ devant le café; ils (11. se presser) _____ car c' (12. être) _____

la fin de l'après-midi. Nous (13. parler) _____ de beaucoup de sujets différents. Le temps (14. passer)

_____ vite. Nous (15. être) _____ là depuis deux heures et nous (16. venir)

_____ de commander une autre bière, quand je / j' (17. regarder) _____ ma montre et je /

j' (18. penser) _____ au dîner chez Mme Fouché. Je (19. ne pas vouloir) _____ manquer

un de ses bons repas. Nous (20. payer) _____ nos bières et nous (21. dire) _____ au revoir

aux copains. Nous (22. se presser) _____, mais nous (23. arriver) _____

en retard pour le repas du soir. Mme Fouché (24. se fâcher) _____ un peu, mais en fait, elle (25. savoir)

_____ que nous (26. avoir besoin) _____ de nous détendre. De toute façon,

je / j' (27. s'amuser) _____ et je / j' (28. décider) _____ de retourner souvent dans ce café.

G. L'après-midi d'Anne-Marie. Mettez chaque verbe entre parenthèses au temps du passé qui convient pour compléter le paragraphe suivant.

Hier, Anne-Marie (1. vouloir) _____ regarder la télé parce qu'elle (2. s'ennuyer)

_____. Quand elle (3. rentrer) _____, elle (4. descendre) _____

au salon. Puisqu'elle ne (5. savoir) _____ pas quelles émissions (6. être) _____ bonnes,

elle (7. consulter) _____ le programme, puis elle (8. choisir) _____ une émission et elle

(9. allumer) _____ la télé. Elle (10. désirer) _____ surtout voir son feuilleton

préféré. Elle (11. prendre) _____ un coca et (12. s'installer) _____

confortablement dans un fauteuil. Elle (13. commencer) _____ à regarder la télé, mais elle

(14. ne pas trouver) _____ l'émission qu'elle (15. vouloir) _____ voir. Elle (16. être)

_____ étonnée, mais elle (17. se rendre compte) _____ qu'elle (18. se tromper)

_____ de jour. C'(19. être) _____ mardi! Elle (20. décider) _____ de

sortir. Elle (21. se laver) _____ les cheveux, elle (22. s'habiller) _____ et elle

(23. partir) _____ au cinéma vers 18 h. Mais elle (24. ne pas avoir) _____ de chance.

Quand elle (25. arriver) _____ elle (26. découvrir) _____ qu'on (27. fermer déjà)

_____ la porte.

H. Magazine Mode d'emploi. Mettez chaque verbe entre parenthèses au temps du passé qui convient pour compléter le paragraphe suivant.

Hier, je (j') _____ (1. lire) un article intéressant sur le Québec. Cet article _____

(2. expliquer) qu'au Québec, il y _____ (3. avoir) plus de 550 magazines. Mais un magazine m'

_____ (4. paraître) particulièrement intéressant: *Magazine Mode d'emploi.* L'article _____

(5. préciser) que ce magazine _____ (6. s'adresser) aux étudiants qui _____ (7. chercher)

une orientation à l'université et qu'il en _____ (8. exister) aussi une version en ligne. Ce site Internet

_____ (9. proposer) plusieurs rubriques aux internautes. Il _____ (10. offrir) même des

reportages sur différents métiers ou sur ce qu'il _____ (11. falloir) mettre sur un curriculum vitae. Jusqu'à

présent, je _____ (12. ne jamais voir) un magazine de ce type et je _____

(13. ne pas savoir) qu'on _____ (14. trouver) des magazines aussi utiles pour les jeunes.

I. L'histoire de la presse française. Voici quelques faits et dates importants de l'histoire de la presse française au XXᵉ siècle. D'abord, lisez les textes. Ensuite, choisissez une date et réécrivez le texte en utilisant les temps du passé qui conviennent.

1945 Premier numéro de *Elle*
Hélène Gordon-Lazareff lance un nouveau magazine féminin: *Elle.* La journaliste a précédemment travaillé aux Etats-Unis pour *Marie-Claire.* L'édition est hebdomadaire et compte vingt-quatre pages. Hélène Gordon-Lazareff est la première à introduire la photo couleur dans un magazine français.

1946 Premier numéro de *L'Equipe*
Le quotidien sportif *L'Equipe* succède à *L'Auto-Vélo* qui a été créé en 1900 par Henri Desgrange et interdit de publication à la Libération. Jacques Goddet, le directeur de l'édition, use de ses relations avec la Résistance pour réhabiliter le journal sous une autre forme. *L'Equipe* est d'abord publié trois fois par semaine. A partir de 1948, il devient quotidien. Il est racheté par le groupe Amaury en 1968.

1949 Fondation de *Paris-Match*
L'homme d'affaires français Jean Prouvost lance une nouvelle formule du journal sportif *Match* qu'il a racheté en 1938. Le nouveau magazine d'actualité s'appelle désormais *Paris-Match.* Son contenu est largement inspiré de la revue américaine *Life.* Le premier ministre

britannique Winston Churchill est en couverture du premier numéro.

1953 *L'Express* sort en kiosque
Jean-Jacques Servan-Schreiber et Françoise Giroud créent *L'Express,* un supplément hebdomadaire du quotidien *Les Echos.* En 1964, sur l'exemple du *Time,* il change de look et deviendra un «news magazine» généraliste à succès. En 1970, lors du départ de Servan-Schreiber pour devenir secrétaire général du Parti radical, des journalistes quittent la rédaction et fondent un concurrent, *Le Point. L'Express* affiche aujourd'hui un tirage de 600 000 exemplaires.

1973 Lancement de *Libération*
Le 1ᵉʳ numéro du quotidien de gauche, *Libération* est publié sous la direction de Jean-Paul Sartre et Serge July. Original par son mode de gestion (égalité pour tout le personnel) et sa ligne rédactionnelle («l'indépendance à tout prix»), il est vite confronté à de graves problèmes financiers et d'organisation. Il ferme en 1981 et réapparaît quelques mois plus tard, modernisé mais plus classique. *Libération* bénéficie aujourd'hui d'une diffusion de près de 170 000 exemplaires.

Adapted from "Histoire de la Presse," L'Internaute, www.linternaute.com/histoire/categorie/58/a/1/2/histoire_de_la_presse.shtml. Used with permission from Benchmark Group.

_____

_____

_____

_____

_____

_____

_____

La rédaction par étapes

A la une. Vous êtes un(e) jeune journaliste et, pour prouver votre talent, votre rédacteur-en-chef vous demande d'écrire un article pour le journal sur un événement récent. Le sujet est libre, l'important est d'attirer l'attention de vos lecteurs.

Etape 1: Mise en train

A. Quand vous ouvrez votre journal favori, que cherchez-vous en premier et pourquoi? C'est là, sans doute, une indication du genre d'article que vous allez préférer écrire et cette réflexion va orienter votre choix vers un sujet.

 B. Vous allez lire plusieurs articles dans la presse française directement en ligne dans *Le Monde, L'Express* et *Le Nouvel Observateur* et vous allez décider du genre d'article que vous voulez écrire (par exemple un article sur un événement politique, culturel, sportif ou sur un fait divers).

C. Ensuite, dans les exemples que vous avez sélectionnés, vous allez étudier le mode de narration du (de la) journaliste et observer les éléments stylistiques utilisés (longues descriptions, énumération de verbes d'action, utilisation des temps du passé pour augmenter l'effet dramatique, richesse du vocabulaire).

Etape 2: S'exprimer par écrit

D. Maintenant que vous avez choisi votre sujet ainsi que le style de narration que vous préférez, vous allez rédiger votre article en utilisant une variété de temps du passé pour rendre votre récit plus vivant.

SYSTÈME-D Utilisez les rubriques suivantes dans le **Système-D**:

Phrases: describing the past, sequencing events

Vocabulary: time expressions

Grammar: compound past tenses (**passé composé** and **plus-que-parfait**)

🌐 Interaction cinéma: Pour aller plus loin

Gratte-papier: **Court-métrage de Guillaume Martinez, Société de production: Babelone Drone – 2005**

A. Avant le troisième visionnage. De quoi vous souvenez-vous au sujet du film? Avant de regarder le court-métrage encore une fois, résumez le film en complétant les phrases suivantes.

1. Le film a lieu dans (un restaurant / le métro / un bus).

2. La jeune femme et le jeune homme (sont mariés / sont amis / ne se connaissent pas).

3. La jeune femme (plaît / ne s'intéresse pas / parle) au jeune homme.

4. Le jeune homme souligne des mots dans son livre parce qu'il veut (apprendre par cœur ces informations / communiquer avec la jeune femme / noter des citations qu'il aime).

5. A la fin du film, le jeune homme est content parce que la jeune femme (est partie / lui sourit / lui donne son numéro de téléphone).

B. Après le troisième visionnage. Imaginez le dialogue intérieur du jeune homme à la fin du film. Ecrivez un court monologue qui révèle ses sentiments.

_____

_____

_____

_____

_____

C. A vous. Trouvez-vous qu'il est facile ou difficile de faire la connaissance de quelqu'un que vous ne connaissez pas? Rappelez-vous d'une fois où vous avez fait la connaissance de quelqu'un et écrivez un paragraphe qui décrit cette expérience. Qu'est-ce qui s'est passé? Quelles émotions ressentiez-vous?

_____

_____

_____

_____

_____

CHAPITRE 6

Le mot et l'image

Activités orales

Pour mieux comprendre

 CD3-19

Les amateurs de cinéma. Ecoutez attentivement la conversation entre Christine et Philippe, puis faites les exercices suivants. Vous pouvez écouter la conversation plusieurs fois, si cela est nécessaire.

A. Compréhension générale. Cochez (✓) la réponse correcte aux questions suivantes.

☐ oui ☐ non **1.** Philippe est-il un passionné de cinéma?

☐ oui ☐ non **2.** Philippe préfère-t-il les films français en général?

☐ oui ☐ non **3.** Christine partage-t-elle la passion de Philippe?

☐ oui ☐ non **4.** Philippe veut-il connaître les goûts *(tastes)* de Christine en ce qui concerne le cinéma?

☐ oui ☐ non **5.** Christine s'intéresse-t-elle beaucoup aux metteurs en scène?

☐ oui ☐ non **6.** Christine aime-t-elle les films classiques?

☐ oui ☐ non **7.** Alain Resnais est-il un acteur français?

☐ oui ☐ non **8.** Christine aime-t-elle voir deux fois le même film?

☐ oui ☐ non **9.** L'université présente-t-elle un festival de cinéma?

☐ oui ☐ non **10.** François Truffaut est-il un metteur en scène célèbre?

B. Choisissez la bonne réponse. D'après cette conversation, choisissez la bonne réponse pour compléter les phrases suivantes.

1. Christine interroge Philippe à propos du (cinéma italien / cinéma en général / dernier film qu'il a vu).

2. Philippe veut savoir si Christine (s'intéresse au cinéma italien / va souvent au cinéma / choisit ses films en fonction de la vedette).

3. Christine explique à Philippe qu'elle (n'aime pas vraiment le cinéma / s'intéresse surtout aux metteurs en scène / va surtout voir des superproductions).

4. Philippe demande à Christine si elle (aime voir le même film plusieurs fois / va voir seulement des films classiques / connaît plusieurs metteurs en scène).

5. Philippe annonce à Christine (qu'il y a un ciné-club à l'université / que Truffaut organise un festival / qu'il y a un festival qui présente tous les films d'un grand metteur en scène).

C. Compréhension détaillée. Complétez le paragraphe suivant pour résumer les opinions de Christine à propos du cinéma.

Christine n'est pas vraiment _____. Elle déteste _____.

Elle préfère voir les films _____. Elle retourne souvent voir le même film si c'est

_____. Elle va probablement aller au _____ avec Philippe pour voir

les films de Truffaut.

🔊 CD3-20

D. Un vieux film d'Elvis. Ecoutez attentivement la conversation entre Marc et Béatrice puis entourez d'un cercle la bonne réponse. Vous pouvez écouter la conversation plusieurs fois, si cela est nécessaire.

1. Qu'est-ce qui se passe ce soir?

   a. Marc et Christine vont voir un film chez Béatrice.

   b. Béatrice va au cinéma seule ce soir.

   c. Marc invite Béatrice à aller au cinéma.

2. Pourquoi faut-il partir à huit heures?

   a. Le cinéma Royal est en ville.

   b. Marc ne sait pas où se trouve le cinéma.

   c. Béatrice n'aime pas arriver en retard.

3. Pourquoi dit-on que ce film est en version originale?

   a. C'est un film américain doublé en français.

   b. C'est un film américain en anglais.

   c. C'est un film français en anglais.

4. Quel film est-ce qu'on passe ce soir au Royal?

   a. Un film d'Elvis Presley en français.

   b. Un film où Elvis Presley chante en français.

   c. Un film d'Elvis Presley entièrement en anglais.

5. A quelle heure commence le film?

   a. A huit heures.

   b. Avant huit heures.

   c. Après huit heures.

🔊 CD3-21

E. Allons au cinéma. Ecoutez attentivement la conversation entre trois amis, Armand, Marguerite et Nicole, puis répondez aux questions suivantes par une phrase complète. Vous pouvez écouter la conversation plusieurs fois, si cela est nécessaire. Il est également utile de lire les questions avant d'écouter la conversation.

1. Quand les amis vont-ils au cinéma?

_____

2. Quel film Armand suggère-t-il d'aller voir—*Les Choristes*, *Un long dimanche de fiançailles* ou *Ninotchka*?

_____

3. Qui est Jacques Perrin?

_____

4. Pourquoi les amis décident-ils de ne pas aller voir *Un long dimanche de fiançailles*?

_____

5. Quel film est-ce que les amis décident d'aller voir finalement? Pourquoi?

_____

6. Où passe le film?

_____

7. A quelle heure est-ce que les amis se donnent rendez-vous?

_____

8. Pourquoi est-ce que les amis veulent arriver avant le début du film?

_____

A vous la parole!

🔊 CD3-22

F. Un sondage sur le cinéma. Vous participez à une enquête sur les préférences en matière de cinéma. Répondez sincèrement aux questions suivantes.

MODELE   Vous entendez: Est-ce que vous aimez les films d'épouvante?

          Vous dites: *Oui, j'aime les films d'épouvante.*

          ou: *Non, je n'aime pas les films d'épouvante.*

(Numéros 1 à 7)

🔊 CD3-23

G. Je ne t'ai pas entendu(e). Votre ami(e) français(e) et vous discutez au téléphone mais la communication est mauvaise. Posez des questions pour clarifier la conversation en utilisant les expressions proposées. Utilisez aussi l'inversion.

MODELE   Vous entendez: Nous allons sortir parce que...

          Vous lisez: pourquoi

          Vous dites: *Pourquoi allez-vous sortir?*

1. quand	3. à quelle heure	5. où	7. où
2. pourquoi	4. comment	6. combien	8. à quelle heure

CD3-24

H. A quelle heure ouvre... ? Vous téléphonez pour vérifier les heures d'ouverture de plusieurs endroits que vous voulez visiter. Modifiez l'heure selon l'usage de la conversation, puis répétez chaque phrase.

> **MODELE**   VOUS ENTENDEZ: Le musée d'art moderne ouvre à 14 h.
>
> > VOUS DITES: *Le musée d'art moderne ouvre à deux heures de l'après-midi.*

(Numéros 1 à 7)

 CD3-25

I. Les expressions idiomatiques. Vous allez au cinéma avec un ami. Utilisez les expressions données pour répondre à ses questions. Ajoutez une préposition si cela est nécessaire.

> **MODELE**   VOUS ENTENDEZ: De quoi parle ce film?
>
> > VOUS LISEZ: s'agir / une histoire d'amour
> >
> > VOUS DITES: *Il s'agit d'une histoire d'amour.*

1. avoir besoin / regarder dans *Pariscope*
2. faire la queue / acheter des billets
3. se souvenir / le film que / venir de voir
4. je / déjà / payer / les billets
5. attendre / ma copine
6. téléphoner / Anne

 CD3-26

J. Vous voulez savoir. Posez une question en choisissant la forme appropriée de **lequel** selon ce que vous entendez.

> **MODELE**   VOUS ENTENDEZ: J'aime beaucoup cette actrice française.
>
> > VOUS DEMANDEZ: *Laquelle?*

(Numéros 1 à 5)

 CD3-27

K. Rêvez-vous d'être journaliste? Dans le cadre de votre cours de cinéma, une actrice célèbre visite votre campus et vous l'interrogez pour écrire un article pour le journal de votre université. Posez-lui des questions en utilisant les expressions proposées.

> **MODELE**   VOUS ENTENDEZ: Je travaille avec des acteurs très célèbres.
>
> > VOUS LISEZ: avec qui
> >
> > VOUS DITES: *Avec qui est-ce que vous travaillez?*

1. auxquelles
2. de quoi
3. qui est-ce que
4. de qui s'agit-il
5. qui est-ce que
6. lequel / préférer
7. qu'est-ce que / faire

CD3-28

Proverbe

Vous allez entendre un proverbe français. Choisissez la phrase qui explique le sens de ce proverbe.

Il ne faut pas se fier aux *(trust)* apparences.

a. Il est important de faire confiance aux autres.

b. Il vaut mieux se méfier *(to be suspicious)* des autres.

c. Les apparences sont trompeuses *(misleading)*.

d. Il convient de croire à ce que l'on voit.

 CD3-29

Prononcez bien!

L'enchaînement des mots: la liaison (suite)

La liaison interdite

Il existe certains cas où l'on ne fait jamais la liaison.

1. entre un nom ou pronom (nom personnel) + verbe

     MODELES   Auguste et Louis inventent le cinématographe.
                        Chacun arrive sur le plateau.

2. entre un nom singulier + caractérisant

     MODELES   un dessin animé
                        un guichet automatique

3. entre certains mots interrogatifs **(quand, comment, combien [de temps])** + groupe verbal

     MODELES   Depuis quand est-il acteur?
                        Comment explique-t-on le succès de ce film?

4. après la préposition **et**

     MODELES   un metteur en scène et une réalisatrice
                        ici et ailleurs

5. devant un mot qui commence par un **h** aspiré[1]

MODELES	un handicap	[œ̃'ɑdikap]
	en haut	[ɑ̃'o]
mais	des‿habits	[dezabi]

---

[1]En cas de doute, vérifiez la transcription phonétique du mot dans un dictionnaire: les mots commençant par un **h** aspiré seront précédés du symbole [*].

CD3-30

La liaison facultative

La réalisation de la liaison facultative (cas autres que ceux mentionnés dans les deux types précédents) dépend du niveau de langage utilisé (soutenu ou moins formel). En voici quelques exemples:

MODELES

style soutenu	style familier
Nous sommes arrivés.	Nous sommes arrivés.
Pas avant demain!	Pas avant demain!
Il ne travaille plus ici.	Il ne travaille plus ici.

 CD3-31

A votre tour!

A. Ecoutez et répétez les phrases suivantes.

1. Comment as-tu trouvé ce film?

2. J'ai acheté un billet et une revue.

3. J'ai annulé mon abonnement annuel.

4. Emmanuelle Béart est connue pour son rôle dans *Manon des sources.*

5. Tous les cinéastes connaissent des hauts et des bas.

 CD3-32

B. D'abord, lisez les phrases suivantes puis indiquez si les liaisons sont obligatoires (‿) ou interdites (/). Ensuite, écoutez les phrases, puis répétez-les.

1. Le cinéma français est populaire en France et à l'étranger.

2. Parmi ces acteurs, lesquels ont gagné un prix à Cannes?

3. Ce qui est important, c'est un bon scénario et une histoire bien écrite.

4. Bernard a préféré la version originale.

5. Quand arrive-t-il? A deux heures et demie?

 CD3-33

C. Lisez le texte suivant sur *L'Enfant,* le film qui a reçu la Palme d'Or au Festival de Cannes de 2005, et indiquez si les liaisons sont obligatoires **(O)**, interdites **(I)** ou facultatives **(F)**. Ensuite, écoutez le texte.

Dans *L'Enfant*, Jérémie Rénier (1. ___) incarne Bruno, un jeune homme de vingt (2. ___) ans dont le quotidien (3. ___) est fait de larcins (4. ___) et de trafics en tous genres. Sa petite amie Sonia, dix-huit (5. ___) ans, vient de donner naissance à leur fils, Jimmy, mais Bruno ne semble pas prêt (6. ___) à assumer cette paternité. Les frères Dardenne mêlent (7. ___) une nouvelle fois, dans ce drame, l'intime et le social. Ils (8. ___) ont (9. ___) eu l'idée de ce film en voyant (10. ___) un jour passer (11. ___) et repasser une jeune fille qui poussait (12. ___) un landau: «Souvent, nous (13. ___) avons repensé à cette jeune femme, à son landau, à l'enfant (14. ___) endormi et à celui qui n'était pas là, le père de l'enfant. L'absent qui allait devenir important dans notre histoire. Une histoire d'amour qui est (15. ___) aussi l'histoire d'un père.»

Activités écrites

Structures et vocabulaire actif

🔊 CD3-34

Dictée

Le cinéma français. Est-ce que le cinéma français va survivre face à la télévision et aux DVD? Vous allez entendre le passage suivant trois fois. La première fois, écoutez simplement, la deuxième fois, écrivez et la troisième fois, vérifiez attentivement votre texte.

_____

_____

_____

_____

_____

_____

_____

_____

_____

_____

A. Un petit test sur le cinéma et les films. Lisez chaque série de mots. Puis, indiquez le mot qui n'est pas logique.

    MODELE   le guichet   un caissier   *le tournage*   un billet

1. un metteur en scène   un cinéphile   un maquilleur   une actrice

2. le guichet   la place   le billet   l'abonnement

3. les sous-titres   le générique   la version originale   la version doublée

4. un dessin animé   une affiche   un western   un film policier

5. le plateau   le tarif   le tournage   le décor

6. l'intrique   les effets spéciaux   la séance   l'interprétation

7. le cinoche   une salle de cinéma   un ciné-club   une vedette

8. un cinéaste   un réalisateur   un personnage   un metteur en scène

Nom _____ Date _____

B. Comment ça se passe en France? Votre correspondant(e) en France répond à vos questions au sujet du cinéma. Ecrivez une question logique pour chacune de ses réponses. Employez l'adverbe interrogatif indiqué.

> MODELE *Où se trouvent les cinémas en général?*
> Les cinémas se trouvent au centre-ville en général. (où)

1. _____

   Ça ne coûte pas cher d'aller au cinéma. (combien)

2. _____

   Il y a des séances pendant l'après-midi et le soir. (quand)

3. _____

   Nous nous retrouvons devant le cinéma. (où)

4. _____

   On peut obtenir un tarif plus intéressant avec une carte d'étudiant. (comment)

5. _____

   Je préfère les films classiques parce qu'ils sont bien faits. (pourquoi)

6. _____

   Après le film, nous allons au café. (où)

7. _____

   Je vais au cinéma trois ou quatre fois par mois. (combien)

8. _____

   C'est une façon de s'amuser ensemble sans dépenser trop d'argent. (pourquoi)

C. A quelle heure? Un ami veut savoir à quelle heure vous avez fait hier les activités suivantes. Employez les éléments donnés pour écrire ses questions. Puis, répondez aux questions.

> MODELE tu / se lever
> *A quelle heure est-ce que tu t'es levé(e)?*
> *Je me suis levé(e) à six heures du matin.*

1. tu / prendre le petit déjeuner

   _____

   _____

2. tu / avoir ton premier cours

   _____

   _____

3. tu / rentrer de l'université

   _____

   _____

4. tu / se coucher

   _____

   _____

D. Je ne comprends pas. Votre amie vous parle de *C.R.A.Z.Y.,* un film qu'elle vient de voir, mais vous ne comprenez pas très bien. Employez les expressions interrogatives **qui,** préposition + **qui,** préposition + **quoi, qu'est-ce qui, qu'est-ce que** pour lui poser des questions.

> **MODELE** Je viens de voir un film très émouvant.
> *Qu'est-ce que tu viens de voir?*

1. Dans ce film, il s'agit de la révolution sociale des années 70/80.

   _____

2. Les personnages principaux sont cinq frères.

   _____

3. Ils se rebellent souvent contre leur père.

   _____

4. Les fils veulent affirmer leur individualité.

   _____

5. Le père aime beaucoup la chanson *Crazy.*

   _____

6. *C.R.A.Z.Y.* est un acronyme qui correspond aux prénoms des cinq fils.

   _____

E. Quel...? Voici quelques phrases d'une des lettres de votre correspondant(e) français(e). Posez une question à propos de chacune des phrases suivantes en employant l'adjectif interrogatif **quel.**

> **MODELE** J'ai un frère.
> *Quel est son nom?*
> *ou Quel âge a-t-il?*

1. Ma famille a acheté une nouvelle voiture.

   _____

2. Mes copains et moi, nous regardons toujours une émission américaine célèbre à la télé.

   _____

3. Mais il y a certaines émissions américaines que nous n'aimons pas.

   _____

4. J'ai une sœur.

   _____

5. Mes parents m'ont offert deux cadeaux superbes pour mon anniversaire.

   _____

F. Lequel? Au début du cours, votre professeur de français donne quelques clarifications. Posez une question logique après chaque phrase en employant la forme convenable du pronom interrogatif **lequel** dans une phrase complète.

> **MODELE**   Nous allons étudier deux chapitres demain.
>
> *Lesquels est-ce que nous allons étudier?*
> *ou Lesquels allons-nous étudier?*

1. Certains étudiants ne sont pas obligés de passer l'examen de fin d'année.

   _____

2. Pour vos devoirs, il faut consulter au moins trois sources d'information.

   _____

3. Je vais annuler une de vos petites interrogations.

   _____

4. L'année prochaine, vous allez avoir le choix entre deux cours de français.

   _____

5. Pour le prochain cours, il faut apporter un de vos dictionnaires.

   _____

G. Vous voulez tout savoir! Posez les questions apppropriées.

1. Vous voulez savoir à quelle heure votre colocataire va rentrer.

   _____

2. Vous voulez savoir si votre professeur a rendu les examens.

   _____

3. Vous téléphonez au cinéma pour savoir à quelle heure est la dernière séance.

   _____

4. Vous demandez à votre copine si elle veut aller au cinéma samedi soir.

   _____

5. Vous voulez savoir ce que votre ami a fait pendant les vacances.

   _____

6. Vous avez entendu une histoire et vous voulez savoir qui croit que cette histoire est vraie.

   _____

7. Vous demandez à une amie avec qui elle est sortie hier soir.

   _____

8. Vous demandez à vos parents où ils vont aller en voyage cet été.

   _____

9. Vous demandez à votre professeur quelles vedettes ont du succès en France actuellement.

   _____

10. Vous n'êtes pas allé(e) à la soirée chez votre ami samedi dernier et vous voulez savoir ce qui s'est passé.

   _____

Nom _____ Date _____

H. Des renseignements supplémentaires. Choisissez un des films de la liste suivante ou un autre film que vous avez vu et répondez aux questions par une phrase complète.

L'Artiste   *Dr. Seuss: Le Lorax*
Hugo Cabret   *La Guerre des Etoiles: Episode 1*
Minuit à Paris   *Les Descendants*

un autre choix: _____

1. Qui est le metteur en scène de ce film?

   _____

2. Qui a joué le rôle principal?

   _____

3. Quels étaient les acteurs secondaires?

   _____

4. Quel genre de film est-ce?

   _____

5. A quel public le film est-il destiné?

   _____

   _____

6. Qu'est-ce qui se passe dans le film?

   _____

   _____

7. Qu'est-ce que vous avez aimé dans le film?

   _____

   _____

8. Comment avez-vous trouvé l'interprétation des acteurs?

   _____

   _____

9. Quels effets spéciaux avez-vous remarqués?

   _____

   _____

10. Est-ce que vous recommandez ce film? Pourquoi ou pourquoi pas?

   _____

   _____

I. Ah bon? Imaginez que vous venez d'entendre les phrases suivantes. Pour chaque phrase, composez une réaction sous forme de question.

    MODELE   Ma copine vient de partir.

                 Ah bon? Où est-elle allée?

    1. J'ai un nouveau prof de français.

    _____

    2. Nous avons fait une excursion samedi dernier.

    _____

    3. Mon père travaillait en Alaska.

    _____

    4. Je vais passer le semestre prochain en France.

    _____

    5. Je suis de retour!

    _____

    6. Quelqu'un vient de téléphoner.

    _____

    7. J'ai vu trois films français le week-end dernier.

    _____

    8. Mon copain a reçu une invitation.

    _____

    9. Ma famille a fait un voyage en Chine.

    _____

    10. Je vais bientôt acheter une nouvelle voiture.

    _____

J. Plusieurs Marianne pour un nouveau timbre. Lors de chaque mandat présidentiel, La Poste change le timbre Marianne. Pour la première fois, tous les Français sont invités à en devenir les créateurs. Les dessins doivent illustrer l'engagement de Marianne pour l'environnement et les valeurs fondamentales de la République (liberté, égalité, fraternité). Parmi les 50 000 dessins reçus, voici les dix finalistes sélectionnés. Imaginez que vous faites partie du jury; pour vous aider à faire votre sélection finale, composez une question pour chacun des dix finalistes.

© Cengage Learning

1. _____

2. _____

3. _____

4. _____

5. _____

6. _____

7. _____

8. _____

9. _____

10. _____

La rédaction par étapes

Un entretien imaginaire avec un(e) cinéaste de votre choix. Vous avez la chance de pouvoir interviewer votre cinéaste préféré(e). Vous allez l'interviewer sur sa façon de travailler, ses goûts en matière de cinéma, ce qui détermine son choix d'un sujet, ses critères de sélection pour les acteurs qu'il / elle engage, sa conception de l'art cinématographique et ses motivations person-nelles. Imaginez aussi ses réponses à vos questions. Votre article doit révéler autant que possible le profil de votre cinéaste préféré(e). Vous allez rédiger une interview qui va être publiée dans le journal des étudiants.

Etape 1: Mise en train

A. Vous allez choisir un(e) cinéaste que vous aimeriez interviewer. Vous pouvez lire des reportages dans des revues de cinéma ou sur Internet. Vous pouvez aussi relire attentivement l'article de François Truffaut, à la fin du *Chapitre 6* de votre manuel, et vous inspirer de certains de ses commentaires sur le cinéma.

B. Ensuite, à partir du vocabulaire actif présenté dans votre manuel et de votre dictionnaire, préparez une liste du vocabulaire nécessaire à la rédaction de votre brouillon. Soutenez l'attention de vos lecteurs en variant la forme de vos questions et en évitant de poser des questions trop stéréotypées; créez un élément de surprise avec les réponses que vous imaginez. Votre article doit être aussi informatif que possible en reflétant la personnalité du / de la cinéaste de votre choix, donc choisissez attentivement vos questions et évitez les verbes **être** et **avoir** autant que possible.

 C. Rendez-vous sur le site Web d'*Interaction* pour trouver des éléments sur la critique cinématographique, l'analyse de film et le compte-rendu des films à succès.

Etape 2: S'exprimer par écrit

D. Maintenant que votre recherche est terminée, que vous avez une idée précise de l'interview que vous voulez faire avec le / la cinéaste que vous avez choisi(e) et que vos questions à lui poser sont organisées, écrivez votre composition en faisant bien attention à varier la formulation de vos questions. Employez un choix varié d'adjectifs, de pronoms et d'adverbes interrogatifs.

SYSTÈME-D Utilisez les rubriques suivantes dans le **Système-D:**

Phrases: asking for an opinion, expressing an opinion
Vocabulary: entertainment, upbringing
Grammar: interrogative adjective **quel**, interrogative pronouns, interrogative adverbs

---

🌐 Interaction cinéma: Pour aller plus loin

On s'embrasse?: **Court-métrage de Pierre-Olivier Mornas, Société de production: Les Films de l'Espoir – 2000**

A. Avant le troisième visionnage. De quoi est-ce que vous vous souvenez au sujet du film? Avant de regarder le court-métrage encore une fois, répondez aux questions.

1. Où se passe le film?

_____

2. Qui sont les personnages?

_____

3. Qu'est-ce-qu'un personnage demande à l'autre?

_____

4. Qui sont Julie et Paul?

_____

5. Comment Paul réagit-il à la nouvelle de Julie?

_____

B. Après le troisième visionnage. Complétez la conversation d'après le film.

—— _____ fini, Paul.

——Je _____ pas.

——Bah, à quoi ça rime la vie qu'on mène?

—— _____ ça rime?

——Bah oui, c'est ce que... Ah, oui, c'est ce que lui, il... Euh.., à quoi ça rime la vie qu'on mène? A quoi ça rime, euh euh... euh... ne me _____ pas, ne me _____ pas. Euh...

——A rien.

—— _____?

——Je comprends pas.

——Ouais, c'est pas très bien _____, hein... Il _____ toujours la même chose. Euh... Je t'aime plus, Paul. C'est comme ça. Ça s'est pas fait d'un seul coup. J'me suis détachée de toi, _____, malgré moi. Ne m'en _____ pas. Ne me regarde pas comme ça. Ne m'en veux pas. Excuse-moi. Et là, elle _____, elle va aux _____. Elle _____ et elle dit, euh... Bon, je vais y _____. On s'embrasse?

C. A vous. Répondez aux questions suivantes.

1. L'actrice et l'homme répètent la conversation de Julie et Paul deux fois. Les mots sont les mêmes, mais la présentation change. Laquelle préférez-vous? Pourquoi?

   _____

   _____

   _____

   _____

   _____

2. Pourquoi pensez-vous que le film s'appelle *On s'embrasse?*

   _____

   _____

   _____

   _____

3. Mettez-vous à la place de l'homme et décrivez votre réaction à la demande d'aide de l'actrice.

   _____

   _____

   _____

   _____

CHAPITRE 7

Les transports et la technologie

Activités orales

Pour mieux comprendre

 CD4-2

Le voyage extraordinaire de Marie-France. Ecoutez attentivement la conversation entre Eric et Marie-France, puis faites les exercices suivants. Vous pouvez écouter la conversation plusieurs fois, si cela est nécessaire.

A. Compréhension générale. Cochez (✓) la réponse correcte aux questions suivantes.

☐ oui ☐ non **1.** Marie-France a passé un semestre aux Etats-Unis?

☐ oui ☐ non **2.** Marie-France est contente de son voyage?

☐ oui ☐ non **3.** Marie-France avait pris un billet aller simple?

☐ oui ☐ non **4.** Marie-France a pu atterrir à New York?

☐ oui ☐ non **5.** Marie-France a récupéré ses bagages à son arrivée?

☐ oui ☐ non **6.** Une copine de Marie-France lui a prêté des vêtements?

☐ oui ☐ non **7.** Marie-France a pris le vol 56 à destination de Paris?

☐ oui ☐ non **8.** Le voyage de retour s'est bien terminé?

B. Mais encore... Complétez les phrases suivantes d'après la conversation que vous venez d'entendre.

1. Marie France est allée aux Etats-Unis pour (travailler / faire des études / rendre visite à ses amis).

2. Le voyage de Marie-France a été (catastrophique / dangereux / agréable).

3. Quand elle est arrivée, sa valise (n'était pas encore partie de Paris / était perdue à New York / était partie sur un autre vol).

4. Marie-France a pu se débrouiller parce qu'elle (avait un sac de voyage / avait une amie à New York / a acheté des vêtements à New York).

5. Le vol Air France numéro 56 (a décollé à l'heure / n'a pas réussi à décoller / a dû être annulé).

C. Compréhension détaillée. Complétez le paragraphe suivant pour résumer les détails les plus importants du voyage de Marie-France.

Marie-France a fait un voyage aux Etats-Unis. Elle a pris un billet _____, un vol direct. Mais

quand elle _____, elle n'a pas trouvé sa _____. Marie-France s'est

débrouillée pendant _____ avant de récupérer ses _____. Le voyage

de retour n'a pas bien commencé non plus. Quand elle est arrivée à l'aéroport, une voix annonçait

_____ qu'on _____ son vol. Finalement, elle est montée à bord d'un

autre avion et il n'y a pas eu d'autres problèmes.

🔊 CD4-3

D. Dans le train. Ecoutez attentivement la conversation suivante entre Christine et Olivier. Ensuite, indiquez si les phrases suivantes sont vraies **(V)** ou fausses **(F).** Vous pouvez écouter la conversation plusieurs fois si nécessaire.

___ **1.** Christine avait réservé une place dans le train.

___ **2.** Elle avait prévu son voyage à Lyon depuis longtemps.

___ **3.** Christine ne voulait pas être obligée de voyager debout.

___ **4.** Le train est vraiment plein de voyageurs aujourd'hui.

___ **5.** Olivier étudie le droit à Montpellier.

___ **6.** Christine est étudiante à la fac de Lyon.

___ **7.** Olivier et Christine découvrent qu'ils ont un ami en commun.

___ **8.** Quelqu'un attend Olivier à la gare de Montpellier.

___ **9.** Jacques Borelli vient chercher Christine en voiture.

___ **10.** Olivier va être obligé de prendre le bus.

E. A vous! D'après la conversation que vous venez d'entendre, trouvez le mot ou l'expression juste pour compléter les phrases suivantes de façon logique.

1. Pour ne pas voyager debout dans le train, il faut _____.

2. Le train est divisé en _____.

3. Pour prendre le train, il faut aller à _____.

4. Si un étudiant veut étudier le droit, il doit aller à _____.

5. Quand vous arrivez, c'est agréable d'avoir un ami qui vient vous _____.

Nom _____ Date _____

 CD4-4

F. Quel moyen de transport préfères-tu? Ecoutez attentivement cette conversation entre quatre amis. Ensuite, répondez aux questions par des phrases complètes. Vous pouvez écouter la conversation plusieurs fois, si cela est nécessaire.

> **Vocabulaire utile**
> **J'ai un peu la trouille** *J'ai un peu peur*   **le car** *the bus*
> **ça me plairait bien** *I would really like that*   **il pourra** *he will be able to*
> **des embouteillages** *traffic jams*   **sur place** *on-site*
> **la circulation** *traffic*   **on prendra** *we'll take*
> **on devrait** *we should*   **serait** *would be*

1. Quand les amis partent-ils en vacances? _____

2. Où vont-ils? _____

3. De quels moyens de transport les amis parlent-ils? _____

4. Quel moyen de transport les amis décident-ils de prendre? _____

5. Pourquoi est-il difficile de voyager pendant les périodes de vacances? _____

6. Qui est Gaston? _____

7. Quel service les amis vont-ils demander à Gaston? _____

A vous la parole!

 CD4-5

G. Prendre le métro—la première fois. C'est votre premier trajet en métro à Paris et votre ami français vérifie que vous savez vous débrouiller. Répondez affirmativement à ses questions en remplaçant les compléments d'objet direct par les pronoms correspondants.

> **MODELE**   Vous ENTENDEZ: Vois-tu la bouche de métro?
>   Vous DITES: *Oui, je la vois.*

(Numéros 1 à 5)

 CD4-6

H. De retour de vacances. Vous rentrez à Montpellier après un voyage en Algérie. Un ami vous demande comment s'est passé votre vol et comment était votre voyage. Répondez affirmativement à ses questions en remplaçant les compléments d'objet indirect par les pronoms correspondants.

> **MODELE**   Vous ENTENDEZ: As-tu parlé à l'hôtesse?
>   Vous DITES: *Oui, je lui ai parlé.*

(Numéros 1 à 5)

CD4-7

I. Le voyage aux Etats-Unis commence. Vous prenez le train de Montpellier à Paris, où vous allez passer une semaine avant de rentrer aux Etats-Unis. Un ami vous accompagne à la gare. Répondez à ses questions de façon affirmative en utilisant soit **y** soit **en** selon le cas.

> **MODELE**   Vous entendez: Vas-tu arriver à la gare de Lyon?
>
> Vous dites: *Oui, je vais y arriver.*

(Numéros 1 à 6)

 CD4-8

J. Montréal. Vous organisez un voyage pour passer un long week-end à Montréal. Un ami veut savoir quels sont vos préparatifs de voyage. Répondez à ses questions en suivant le modèle proposé et en utilisant des pronoms.

> **MODELE**   Vous entendez: Tu vas faire enregistrer ta valise?
>
> Vous lisez: Non, je ne vais pas faire enregistrer ma valise.
>
> Vous dites: *Non, je ne vais pas la faire enregistrer.*

1. Oui, j'ai réservé une place.

2. Non, je n'ai pas acheté mon billet hier.

3. Oui, j'ai un horaire des trains.

4. Je vais à Montréal pour voir un ami.

5. Oui, il y a trois arrêts pendant le voyage.

 CD4-9

K. Les expressions idiomatiques. Alain est venu vous chercher à la gare. Répondez à ses questions selon l'information donnée. Utilisez le pronom disjoint approprié dans votre réponse.

> **MODELE**   Vous entendez: C'est à toi cette valise?
>
> Vous lisez: oui
>
> Vous dites: *Oui, cette valise est à moi.*

1. non   4. oui

2. oui   5. non

3. oui

 CD4-10

Proverbe

Vous allez entendre un proverbe français. Choisissez la phrase qui explique le sens de ce proverbe.

   Rien ne sert de courir, il faut partir à point.

a. Le point de départ est le plus important.

b. L'essentiel est de partir.

c. Courir est toujours inutile.

d. Partir trop tard, c'est prendre beaucoup de risques.

CD4-11

Prononcez bien!

Les groupes rythmiques

Un groupe rythmique est un mot, un groupe de mots ou une phrase terminés par une accentuation suivie d'une courte pause.

MODELES   transport

les transports en commun

Je prends l'avion.

Les groupes rythmiques ne sont pas divisés au hasard. Il en existe trois types:

1. les groupes syntaxiques

Les mots sont regroupés selon leurs relations grammaticales. Souvent une phrase trop longue crée ce besoin de division.

a. le groupe sujet, le groupe verbe, le groupe complément

b. le sujet et le verbe (lorsqu'ils sont courts)

c. le sujet, le verbe et le complément (lorsqu'ils sont courts)

MODELES   **a.** Tous nos amis / sont arrivés / pour les vacances.

b. Nous sommes partis.

c. Vous mangez bien.

2. les groupes sémantiques

Les mots qui forment une unité de sens sont regroupés en un même groupe rythmique.

MODELE   le chemin de fer   (*et non* le chemin / de / fer)

3. les groupes déterminés par la ponctuation

Une virgule ou un point détermine la fin d'un groupe rythmique. Le signe de ponctuation impose l'accentuation de la syllabe qui le précède ainsi qu'une pause de la voix.

MODELE   Jeudi prochain, / je pars.

 CD4-12

A votre tour!

A. Ecoutez et répétez les phrases suivantes.

1. L'avion atterrit.

2. Le vol 227 / est annulé.

3. J'aime prendre / les transports en commun.

4. Le vol / en provenance de Madrid / est en retard.

5. Il faut attacher / sa ceinture de sécurité.

🔊 CD4-13

B. D'abord, indiquez les groupes rythmiques (/) dans les phrases suivantes. Ensuite, écoutez, puis faites les corrections, si nécessaire.

> **MODELE** Je prends le vol / à destination de Rome.

1. C'est trop court, les vacances.

2. Pendant une semaine, on va voyager.

3. Il faut trouver une bouche de métro.

4. Je dois me rendre au bureau de renseignements.

5. On va changer de compagnie aérienne au retour.

6. C'est préférable de voyager en période creuse.

7. Si tu voyages de nuit, réserve une couchette.

🔊 CD4-14

C. D'abord, indiquez les groupes rythmiques (/) dans le texte suivant sur la ville de Marseille. Ensuite, écoutez, puis faites les corrections, si nécessaire.

Ville ouverte sur la Méditerranée, Marseille nous invite à découvrir ses accents provençaux et épicés, son littoral *(coastline)* exceptionnel et sa mythique Cannebière. Une cité vivante et cosmopolite, emblème de la culture méridionale, Marseille a traversé plus de vingt-six siècles d'histoire! Six cents ans avant Jésus-Christ, les Phocéens installèrent *(established)* leur campement et fondèrent *(founded)* Massalia.

    Autre particularité: si Marseille est connue pour sa promenade en bord de mer, saviez-vous que celle-ci est dotée d'un banc de 4 kilomètres? Le plus long du monde! Descendez la célèbre Cannebière jusqu'au Vieux Port et laissez-vous bercer *(be rocked)* par les effluves marines du Marché aux poissons du Quai des Belges. Flânez *(Stroll)* dans le Vieux Marseille, de l'Hôtel de Ville jusqu'à l'ancien hospice de la Vieille Charité. Puis partez à la découverte de l'ancien Quartier des Arcenaulx en passant par l'Abbaye Saint Victor et la Résidence Impériale.

---

[1]En cas de doute, vérifiez la transcription phonétique du mot dans un dictionnaire: les mots commençant par un **h** aspiré seront précédés du symbole [*].]

Activités écrites

Structures et vocabulaire actif

🔊 CD4-15

Dictée

Paris, le métro et moi. Christophe décrit son trajet en métro. Vous allez entendre le passage suivant trois fois. La première fois, écoutez simplement, la deuxième fois, écrivez et la troisième fois, vérifiez attentivement votre texte.

_____

_____

_____

_____

_____

_____

_____

_____

_____

_____

_____

_____

A. Un petit test sur les voyages. Lisez chaque série de mots. Puis, indiquez le mot qui n'est pas logique.

MODELE   composter   valider   enregister   ~~se déplacer~~

1. une place	un compartiment	une grève	une couchette
2. la piste	le vol	le quai	l'hôtesse de l'air
3. la gare	le chemin de fer	la ceinture	la SNCF
4. la voie	la voiture	la sortie	la rame
5. atterrir	faire une escale	attacher	décoller
6. le carnet	le distributeur	le billet	l'arrêt
7. l'indicateur	la correspondance	l'horaire	le haut-parleur
8. l'horaire	les heures de pointe	la période creuse	le comptoir

B. Un séjour à Paris. Votre amie vous a écrit un email pour décrire son séjour à Paris. Pour éliminer les répétitions, récrivez l'email en remplaçant les noms **soulignés** par des pronoms. Attention à la place des pronoms et à l'accord du participe passé!

Bonjour!

Me voici à Paris! J'ai trouvé un bon petit hôtel <u>à Paris</u>. Je trouve <u>ce petit hôtel</u> très confortable. Je suis en train de visiter tous les sites touristiques importants de la ville. J'adore <u>les sites touristiques</u>. Ils sont vraiment intéressants.

   Le métro est vraiment le meilleur moyen de transport. Je prends souvent <u>le métro</u> parce que je trouve <u>le métro</u> rapide et économique. Ma copine française a acheté un carnet de tickets et j'ai aussi acheté <u>un carnet de tickets</u>. Un copain qui quittait Paris m'a proposé ses tickets et j'ai acheté <u>ses tickets</u>. J'ai même vendu <u>des tickets</u> à ma copine et j'ai vendu <u>les tickets à ma copine</u> à un prix raisonnable. Nous pouvons aller n'importe où à Paris en métro et nous pouvons souvent aller <u>à ces endroits</u> sans prendre de correspondance. Mais même s'il faut prendre <u>une correspondance</u>, ce n'est pas difficile. Hier, nous sommes allées à Versailles en nous servant du RER et <u>à Versailles</u> nous avons pu visiter le château. J'ai trouvé <u>le château</u> magnifique!

A bientôt,

Alice

_____

_____

_____

_____

_____

_____

_____

_____

_____

_____

_____

_____

C. Et vous, que faites-vous? Vos nouveaux amis français ne vous entendent pas bien la première fois que vous leur posez une question. Posez-leur chaque question une deuxième fois, mais cette fois-ci remplacez les noms par des pronoms.

> **MODELE** Est-ce que je peux vous retrouver au café?
>
> *Est-ce que je peux vous y retrouver?*

1. Est-ce que tu es déjà allé(e) aux Etats-Unis?

   _____

2. Est-ce que vous écoutez souvent des CD?

   _____

3. Est-ce que vous aimez bien la musique techno?

   _____

4. Est-ce qu'on paie très cher les CD en France?

   _____

5. Est-ce que vous avez souvent des ennuis d'argent?

   _____

6. Est-ce que vous parlez souvent de vos problèmes à vos copains?

   _____

7. Est-ce que vos parents vous aident à financer vos études?

   _____

8. Est-ce que vous dépensez beaucoup d'argent pour les transports?

   _____

9. Est-ce que c'est dangereux de faire du vélo à Paris?

   _____

10. Est-ce que vous partez souvent passer le week-end à la campagne?

   _____

D. Une conversation au café. Vous êtes au café et on vous pose les questions suivantes. Répondez en remplaçant au moins un des noms par un pronom. Faites attention à l'ordre des pronoms si vous en employez deux.

MODELE   Vous êtes à Paris depuis longtemps?

Oui, j'y suis depuis longtemps.

ou *Non, je n'y suis pas depuis longtemps.*

1. Avez-vous trouvé une chambre facilement?

_____

2. Etes-vous étudiant(e) à la fac de droit?

_____

3. Aimez-vous bien la ville de Paris?

_____

4. Avez-vous visité beaucoup de musées à Paris?

_____

5. Avez-vous beaucoup d'amis à l'université?

_____

6. Allez-vous faire des voyages en Europe?

_____

7. Avez-vous finalement appris à utiliser le métro?

_____

8. Trouvez-vous les Français accueillants?

_____

9. Payez-vous vos études vous-même?

_____

10. Prenez-vous souvent vos repas dans les bistros?

_____

E. Voici ce qu'il faut faire. Pendant un séjour à Paris avec un groupe de l'université Paul Valéry à Montpellier, il vous faut donner des ordres. Remplacez au moins un nom par un pronom pour formuler ces ordres.

> **MODELE** Dites à vos amis d'envoyer des cartes postales aux Dumont.
>
> *Envoyez-en aux Dumont.*
>
> ou *Envoyez-leur des cartes postales.*
>
> ou *Envoyez-leur-en.*

1. Dites au groupe de ne pas prendre l'autobus pour aller à Versailles.

   _____

2. Dites à un copain de vous rendre l'argent qu'il a emprunté.

   _____

3. Proposez au groupe d'aller au café.

   _____

4. Dites au guide d'acheter des billets pour tous les étudiants.

   _____

5. Dites au guide de ne pas aller à l'agence de voyages.

   _____

F. Vous aidez votre ami(e). Un(e) ami(e) veut écrire à un(e) correspondant(e) en France, mais il / elle a du mal à exprimer certaines idées dans sa lettre. Aidez votre ami(e) à traduire en français les mots en *italique.*

1. *(My family and I)*, nous allons voyager en France l'été prochain.

   _____

2. *(I)*, je vais accompagner mes parents, mais mes frères, Charles et Robert, *(they)*, vont arriver en France plus tard.

   _____

3. *(Charles and he)* vont donc arriver plus tard que *(my parents and I)*.

   _____

4. J'ai tout de suite pensé à *(you)*. Est-ce que tu peux venir avec *(us)*?

   _____

5. Ma sœur est plus amusante que mes frères. C'est plus agréable de voyager avec *(her)* qu'avec *(them)*. Je tiens beaucoup à te présenter à *(her)*.

   _____

G. C'est votre copain au téléphone. Votre copain français vous téléphone. Employez des pronoms objets et des pronoms disjoints pour compléter le dialogue suivant.

VOTRE COPAIN: As-tu regardé la télé hier soir?

VOUS: Oui, _____.

VOTRE COPAIN: Tu as vu le nouveau feuilleton?

VOUS: Oui, _____.

VOTRE COPAIN: Et alors, tu as bien aimé ce feuilleton?

VOUS: Oui, _____.

VOTRE COPAIN: Tu as regardé la télé avec ta famille?

VOUS: Oui, _____.

VOTRE COPAIN: Est-ce que tu as parlé de cette émission avec tes parents?

VOUS: Non, _____.

VOTRE COPAIN: Pourquoi? Es-tu sorti(e) avec tes copains après l'émission?

VOUS: Oui, _____.

VOTRE COPAIN: Tu es allé(e) au café?

VOUS: Oui, _____.

VOTRE COPAIN: Ah bon! Et as-tu retrouvé la bande?

VOUS: Non, _____.

VOTRE COPAIN: A propos, veux-tu téléphoner à Jean-Pierre pour savoir s'il veut aller au cinéma?

VOUS: Oui, _____.

VOTRE COPAIN: Tu as déjà vu le film au Rex?

VOUS: Non, _____.

VOTRE COPAIN: Alors, allons donc au Rex!

VOUS: Oui, _____.

H. A qui est-ce? Chantal est guide touristique. Elle vérifie si tout son groupe a récupéré ses affaires avant de quitter la gare. Utilisez des pronoms possessifs pour écrire les réponses affirmatives des membres de son groupe.

>   **MODELE**   Pierre, toutes ces affaires sont à vous?   *Oui, ce sont les miennes.*

1. Est-ce que ce blouson est à Monique? _____

2. Et ces baskets par terre, est-ce qu'elles sont à Paul?

   _____

3. Jacques et Antoine, ce chariot plein de bagages est-il à vous deux?

   _____

4. Et toutes ces fringues, sont-elles à Annette et Céline?

   _____

5. Patrick, ces journaux sont-ils à vous? _____

6. Ce cabas là-bas, il est à moi, non? _____

7. Ce portable qui sonne, il est à vous Christian?

   _____

8. Qui reconnaît cette grande valise, c'est celle de Françoise et Anne?

   _____

I. Des choix à faire. Complétez chaque phrase par le pronom démonstratif **(celui, celle, ceux, celles)** convenable suivi de **-ci** ou **-là**.

1. Vous ne prenez pas ce train-ci; vous prenez _____.

2. Ces valises-là sont à mon amie; _____ sont les miennes.

3. Regardez le plan. Cette rame-ci va à Montmartre et _____ à Vincennes.

4. Non, je n'attends pas ce vol-ci; j'attends _____.

5. Ne mettez pas votre voiture à cet endroit-ci; mettez-la à _____.

6. Ces guichets-là ne sont pas ouverts; il faut aller à _____.

J. Pendant une soirée. Voici des fragments de conversation que vous entendez pendant une soirée. Complétez chaque phrase par le pronom démonstratif convenable.

1. Cet examen n'était pas trop dur, mais _____ du mois dernier était une horreur.

2. De tous mes cours, mes cours de français et d'histoire sont _____ qui m'ont vraiment plu.

3. Prenons deux voitures, la mienne et _____ de Paul.

4. Nos places? _____ qui sont là-bas, à côté de la fenêtre!

5. Cette voiture est _____ qu'il a achetée en France.

K. Voiture de rêve. Voici un exemple de publicité pour une nouvelle voiture qui invite au rêve et à l'évasion. A vous maintenant d'imaginer un texte publicitaire de dix phrases, concis et attrayant. Vous devez employer des pronoms d'objet direct, des pronoms possessifs et des pronoms démonstratifs.

MODELES   *Cette voiture, vous allez l'utiliser pour tous vos voyages.*

Vous allez remarquer que la nôtre est de loin la moins chère.

Celle-ci vous transporte d'un endroit à l'autre en un clin d'œil.

Équipée de série de l'ABS, d'une direction assistée, de deux Airbag, de vitres électriques, du verrouillage centralisé avec télécommande à distance, d'un siège réglable en hauteur ainsi que d'un volant réglable en hauteur et en profondeur, la Nouvelle Fox associe les avantages d'une Volkswagen à un prix plus que raisonnable. De plus, dans la catégorie petite citadine, la Nouvelle Fox est une vraie quatre places avec comme particularité une banquette arrière coulissante sur 15 cm permettant de moduler la contenance du coffre au gré de vos besoins. Alors, à moins d'habiter sur une île déserte, sur une banquise au milieu de l'Alaska ou encore dans une navette spatiale, rien ne peut vous empêcher de rouler en Fox.

Nouvelle Fox. 8 990 €.
Il faut vraiment une bonne raison pour ne pas rouler en Fox.

Par amour de l'automobile

Source: Volkswagen of America, Inc.

_____

_____

_____

_____

_____

_____

_____

_____

_____

La rédaction par étapes

Le voyage de mes rêves. Vous organisez un voyage que vous souhaitez faire avec votre meilleur(e) ami(e). Pour planifier ce voyage, choisissez précisément un pays puis donnez des détails sur ce pays pour justifier ce choix. Ensuite, déterminez votre itinéraire de voyage, les moyens de transport que vous allez utiliser et les réservations que vous devez faire. Déterminez également le budget dont vous avez besoin pour ce voyage.

Etape 1: Mise en train

A. Vous allez réfléchir à toutes les possibilités qui s'offrent à vous et choisir avec soin le pays de vos rêves. Trouvez sur Internet des détails (géographiques, culturels, historiques) sur ce pays et renseignez-vous sur les moyens de transport (avion, bateau, train, autobus) disponibles pour vous rendre à votre destination ou pour voyager à l'intérieur du pays. Consultez les sites Internet d'Air France et de la SNCF entre autres.

B. Faites une liste de tous les attraits que présente le pays de votre choix.

C. Consultez les horaires possibles et choisissez vos dates de voyage pour faire des réservations virtuelles. Déterminez avec précision votre budget (frais de voyage, hôtels, restaurants, excursions et autres).

Etape 2: S'exprimer par écrit

D. Maintenant que vous avez terminé votre liste et que vous avez vérifié tous les éléments dont vous avez besoin, écrivez à votre meilleur(e) ami(e) pour lui proposer ce voyage et pour lui demander de vous accompagner. Votre email doit être éloquent pour lui donner vraiment envie de partir avec vous et il doit être aussi précis et détaillé que possible.

Utilisez les rubriques suivantes dans le **Système-D:**

Phrases: expressing an opinion, comparing and distinguishing, planning a vacation

Vocabulary: traveling, means of transportation, geography, directions & distance

Grammar: possessive pronouns, object pronouns

Nom _____ Date _____

🌐 Interaction cinéma: Pour aller plus loin

Le grand jeu: **Court-métrage de Yannick Pecherand-Molliex, Société de production: Keratocone Pictures – 2008**

A. Avant le troisième visionnage. De quoi est-ce que vous vous souvenez au sujet du film? Ecrivez un paragraphe qui résume l'intrigue.

_____

_____

_____

_____

B. Après le troisième visionnage. Complétez les messages secrets.

Bonjour mon cœur le petit déjeuner _____.

_____ belle.

Un taxi _____.

_____ 27, voiture 15, place 28, départ imminent!

Ne _____ pas.

C. A vous. Faites les activités suivantes.

1. Un ami veut faire une surprise romantique à sa copine. Donnez-lui des conseils à l'aide de l'impératif.

   MODELE   Je vais lui offrir des fleurs.
   Offre-lui des fleurs.

   a. Je vais mettre un poème sur son oreiller.

   _____

   b. Je vais lui écrire un mini-message.

   _____

   c. Je vais cacher la surprise dans un bocal de riz.

   _____

   d. Je vais me cacher dans son placard.

   _____

2. Le film fait référence à Charlie Chaplin. Faites une liste de similarités entre ce film et les anciens films muets. (Si vous ne connaissez pas les films de Chaplin, vous pouvez en regarder quelques extraits sur YouTube.)

   _____

   _____

   _____

CHAPITRE 8

A la fac

Activités orales

Pour mieux comprendre

🔊 CD4-16

L'importance du bac. Ecoutez attentivement la conversation entre Marc et Dominique, puis faites les exercices suivants. Vous pouvez écouter la conversation plusieurs fois, si cela est nécessaire.

A. Compréhension générale. Cochez (✓) la réponse correcte aux questions suivantes.

☐ oui	☐ non	**1.** Est-ce que Marc sait comment s'inscrire à l'université?
☐ oui	☐ non	**2.** Est-ce qu'on peut s'inscrire sans passer le bac?
☐ oui	☐ non	**3.** Y-a-t-il plusieurs types de bac?
☐ oui	☐ non	**4.** L'université offre-t-elle un choix de spécialisations?
☐ oui	☐ non	**5.** Est-ce que le bac comprend une seule épreuve?
☐ oui	☐ non	**6.** Est-ce qu'on passe le bac en terminale?
☐ oui	☐ non	**7.** Est-ce qu'on réussit au bac facilement?
☐ oui	☐ non	**8.** Dominique a-t-elle eu une bonne moyenne?
☐ oui	☐ non	**9.** Réussit-on toujours au bac la deuxième fois?
☐ oui	☐ non	**10.** Dominique trouve-t-elle l'inscription compliquée?

B. Choisissez la bonne réponse. D'après cette conversation, choisissez la bonne réponse pour compléter les phrases suivantes.

1. Avant d'être acceptée à l'université, Dominique (a passé un concours / a été reçue au bac / a fait une classe préparatoire).

2. Elle fait une spécialisation en (anglais / économie / sciences sociales).

3. D'après Dominique, les épreuves du bac sont (faciles / difficiles / impossibles) à réussir.

4. Dominique a eu une moyenne de 14,5 (en terminale / à l'épreuve orale / à l'épreuve écrite).

5. Avec une moyenne entre 8 et 10, on (est reçu au bac / doit passer les épreuves orales / doit repasser le bac l'année suivante).

6. (Très peu / Cinquante pour cent / La plupart) des élèves réussissent au bac la première fois qu'ils le passent.

C. Compréhension détaillée. Ecoutez la conversation encore une fois. Complétez les phrases suivantes pour résumer les détails les plus importants du dialogue.

1. Pour s'inscrire définitivement à l'université, il faut…

    _____.

2. Pour réussir au bac, il faut…

    _____.

3. On doit passer l'oral si…

    _____.

4. On peut passer l'oral si on a une note à l'écrit entre…

    _____.

5. L'année suivante, beaucoup d'élèves…

    _____.

6. Après le bac, quand on se rend à l'université, il faut…

    _____.

D. Repérage grammatical. Voici quelques formes verbales que vous avez entendues au cours de la conversation précédente. Indiquez l'infinitif de chaque forme verbale.

1. a fallu _____

2. fasses _____

3. puissent _____

4. doivent _____

5. soient _____

6. aient _____

CD4-17

E. Pour passer un an dans une université américaine. Ecoutez attentivement la conversation suivante entre Nathalie et André. Ensuite complétez chacune des phrases de façon logique.

1. Le père d'André veut qu'il...

   a. suive un cours de civilisation américaine.

   b. passe un diplôme français.

   c. parte étudier aux Etats-Unis.

2. Nathalie est contente qu'André...

   a. aille en Amérique.

   b. ait choisi une université.

   c. hésite à partir.

3. Nathalie ne pense pas qu'André...

   a. puisse s'inscrire facilement.

   b. sache comment s'inscrire.

   c. ait beaucoup de problèmes d'inscription.

4. André souhaite que Nathalie...

   a. sache le montant exact du coût des études.

   b. soit capable de lui conseiller une université.

   c. puisse lui donner des renseignements utiles.

5. André a peur que les études aux Etats-Unis...

   a. coûtent trop cher.

   b. soient trop difficiles.

   c. n'aient pas d'équivalence en France.

6. Nathalie désire qu'André...

   a. puisse s'inscrire dans une résidence universitaire.

   b. comprenne que le coût des études varie selon les universités.

   c. prenne ses repas au Resto-U.

7. André pense que ce n'est pas la peine qu'il...

   a. aille en Amérique après tout.

   b. essaie de s'inscrire officiellement.

   c. trouve une bonne bibliothèque.

8. André pense qu'il est très important...

   a. qu'il réussisse à s'inscrire à une université.

   b. qu'il obtienne un diplôme américain.

   c. qu'il fasse la connaissance de personnes intéressantes.

A vous la parole!

 CD4-18

F. A votre tour. Vous parlez de la vie universitaire avec un étudiant français. Il est curieux et s'intéresse à vos activités aca-démiques. Répondez à ses questions avec précision.

> **MODELE** Vous entendez: Avez-vous un cours dans un amphithéâtre?
>
> Vous dites: *Oui, j'ai un cours dans un amphithéâtre.*
>
> **ou:** *Non, je n'ai pas de cours dans un amphithéâtre.*

(Numéros 1 à 7)

 CD4-19

G. J'en doute. Votre ami Robert et vous avez une amie commune, Chantal, qui fait toujours tout à la dernière minute. Robert vous dit ce que Chantal a l'intention de faire, mais vous avez des doutes. Répondez à Robert en commençant chaque phrase par **je doute que** et en utilisant le subjonctif.

> **MODELE** Vous entendez: Elle va à la conférence demain.
>
> Vous dites: *Je doute qu'elle aille à la conférence.*

(Numéros 1 à 5)

 CD4-20

H. Les expressions idiomatiques. Thomas vous a téléphoné pour bavarder *(to chat)* un peu. Employez **je suis content(e) que, je suis surpris(e) que** ou **j'ai peur que** et l'expression idiomatique donnée pour réagir à ses commentaires. (Attention: Vous allez utiliser le passé du subjonctif pour les numéros 3 et 4.)

> **MODELE** Vous entendez: Je ne veux pas m'inscrire à la fac tout de suite.
>
> vous lisez: ne pas faire de demande d'inscription
>
> Vous dites: *Je suis surpris(e) que tu ne fasses pas de demande d'inscription.*

1. faire des études aux Etats-Unis

2. sécher le cours

3. prendre une décision

4. apprendre un poème par cœur

5. ne pas être reçu au bac

 CD4-21

I. Je m'excuse! Un étudiant dans votre cours a été absent deux fois de suite et il appelle son professeur. Ecoutez bien ses questions et commentaires, puis jouez le rôle du professeur en utilisant le subjonctif.

> **MODELE** Etudiant: J'aimerais prendre rendez-vous.
>
> Professeur: Il vaut mieux que *vous preniez rendez-vous.*

1. Il se peut que...

2. Bien sûr, il va falloir que...

3. Il est important que...

4. Il est essentiel que...

5. Il n'est pas évident que...

CD4-22

J. Qu'est-ce qu'elle fait maintenant? Répondez aux questions que Robert vous pose sur Chantal en suivant le modèle proposé. Attention! Vous devez décider chaque fois si vous devez employer le subjonctif ou non.

> **MODELE** Vous entendez: Est-elle venue en cours hier?
>
> Vous lisez: Oui, je pense que...
>
> Vous dites: *Oui, je pense qu'elle est venue en cours hier.*

1. Oui, il est certain que...

2. Non, je ne suis pas sûr(e) que...

3. Non, je ne crois pas que...

4. Oui, il semble que...

5. Oui, il est essentiel que...

 CD4-23

Proverbe

Vous allez entendre un proverbe français. Choisissez la phrase qui explique le sens de ce proverbe.

> A cœur vaillant *(brave)* rien d'impossible.

a. Il faut avoir du cœur dans la vie.

b. Le courage rend tout possible.

c. La valeur n'est jamais perdue.

d. Sans courage, la vie devient très difficile.

 CD4-24

Prononcez bien!

Les semi-voyelles

En français, il existe trois semi-voyelles: [j], [w] et [ɥ]. Elles sont toujours précédées ou suivies d'une voyelle. A l'oral, elles s'unissent à cette voyelle pour ne former qu'une syllabe.

> **MODELES**   lion [ljɔ̃] moi [mwa]   huit [ɥit]

La syllabation et les semi-voyelles

A l'oral, lorsque deux voyelles se suivent, elles forment deux syllabes distinctes (voir l'enchaînement vocalique, *Chapitre 4*); la semi-voyelle accompagnée d'une voyelle ne forment qu'une syllabe. Regardez bien les modèles suivants.

MODELE

2 voyelles = 2 syllabes	1 semi-voyelle + une voyelle = 1 syllabe
Pas s<u>i</u> <u>on</u> anime.	La pass<u>ion</u> anime.
Tu l'as l<u>u</u> <u>i</u>ci?	Tu l'as l<u>ui</u> aussi.
Là <u>ou</u> <u>i</u>ci?	Là, <u>oui</u> si tu veux.

CD4-25

A votre tour!

A. Ecoutez les phrases suivantes et indiquez le nombre de syllabes dans chacune d'elles.

	2 syllabes	3 syllabes	4 syllabes
MODELE Lie le lion.		✓	
1. Tout arrive!			
2. Il lit «on».			
3. Oui, sors!			
4. Toi, tu arrives?			
5. Où il sort?			

 CD4-26

La semi-voyelle [j]

B. Ecoutez et répétez les phrases suivantes.

1. C'est bien, monsieur!

2. Le bachelier connaît sa matière.

3. C'est un dossier pour les premiers conseillers.

4. Il travaille à son deuxième recueil.

5. Elle améliore sa moyenne.

 CD4-27

La semi-voyelle [w]

C. Ecoutez et répétez les phrases suivantes.

1. Il faut que nous soyons prêts dans trois mois.

2. Moi, je vais recevoir les devoirs.

3. Tu crois échouer à ta classe préparatoire?

4. C'est un emploi provisoire.

5. Je vois l'intersection au loin: je prends à droite?

Nom _____ Date _____

 CD4-28

La semi-voyelle [ɥ]

D. Ecoutez et répétez les phrases suivantes.

1. Pour lui, c'est gratuit.

2. Je souhaite qu'il puisse finir pour juin.

3. Il y a trop de bruit la nuit!

4. Tu lui traduis le mot «fruit».

5. C'est ennuyeux de conduire sous la pluie.

 CD4-29

E. Cochez le temps du deuxième verbe que vous entendez dans chacune des phrases suivantes.

	présent de l'indicatif	présent du subjonctif
MODELE Il est important que vous preniez des vacances. Il dit que vous prenez des vacances en juin.	✓	✓
1.		
2.		
3.		
4.		
5.		
6.		

 CD4-30

F. Répondez aux questions suivantes d'après le modèle.

    MODELE   Qui va traduire le texte?

               Toi. Il faut que tu traduises le texte.

1. Qui va travailler ce soir?

2. Qui va conduire la voiture?

3. Qui va recevoir les invités?

4. Qui va voir ce film?

5. Qui va à la bibliothèque demain?

Activités écrites

Structures et vocabulaire actif

 CD4-31

Dictée

Le parcours du combattant. La première année dans une université française présente plusieurs difficultés aux nouveaux étudiants. Vous allez entendre le passage suivant trois fois. La première fois, écoutez simplement, la deuxième fois, écrivez et la troisième fois, vérifiez attentivement votre texte.

_____

_____

_____

_____

_____

_____

_____

_____

_____

A. Un petit test sur les études. Lisez chaque série de mots. Ensuite, indiquez le mot qui n'est pas logique.

MODELE   le DUT   le BTS   la Licence   *le RU*

1. une épreuve   une copie d'examen   une insertion   un contrôle

2. s'inscrire   former   régler   remplir

3. une conférence   un cours magistral   une manifestation   les travaux pratiques

4. gratuit   démodé   facultatif   provisoire

5. échouer   loger   assister   sécher

6. un stage   un apprentissage   une étape   une formation

7. une note   une moyenne   une mention   une filière

8. une mineure   une matière   une orientation   une majeure

B. La vie d'étudiant n'est pas toujours rose! Votre colocataire et vous discutez avec une amie de tous les changements que la vie universitaire a apportés dans votre vie. Elle est plutôt pessimiste et voit tout de façon négative. Utilisez le subjonctif au présent pour compléter ses commentaires.

> **MODELE** Je doute que cette année *soit* intéressante. (être)

1. Il faut que vous _____ tous les cours. (suivre)

2. Je ne pense pas que nous _____ le temps de sortir beaucoup. (avoir)

3. Il faut que j' _____ aux conférences aussi. (aller)

4. Les professeurs veulent que je _____ mes copies à temps. (remettre)

5. J'ai peur que nos profs ne nous _____ trop travailler. (faire)

6. Pour qu'on _____ réussir, il ne faudra pas sécher les cours. (pouvoir)

7. Dommage que nous _____ notre jeunesse à l'université! (passer)

8. Je ne crois pas que tu _____ te débrouiller. (savoir)

9. Il ne faut pas que vous _____ les travaux pratiques. (sécher)

10. Il est possible qu'on _____ une année très difficile. (vivre)

C. Le passé, le présent, l'avenir. Ecrivez des phrases avec les éléments proposés. Utilisez le subjonctif présent ou passé selon le cas.

> **MODELES** le professeur / être heureux que / nous / réussir a / l'examen / hier
> *Le professeur est (était) heureux que nous ayons réussi à l'examen hier.*
>
> le professeur / vouloir que / nous / réussir à / l'examen / aujourd'hui
> *Le professeur veut que nous réussissions à l'examen aujourd'hui.*

1. mes parents / souhaiter que / je / finir/ mes études / bientôt.

2. l'été dernier / ma mère / être contente que / mon frère et moi / s'inscrire à / un stage de formation

3. l'année dernière / je / avoir peur que / mon dossier d'inscription / être incomplet

4. il faut que / je / choisir / une filière / cette semaine

5. il est nécessaire que / les étudiants / remplir les dossiers / avant la date limite

6. il a fallu que / je / prendre une décision

D. Un camarade de classe. Vous avez un ami français dans votre cours de commerce international et il s'inquiète beaucoup avant le premier examen. Complétez ses phrases avec les formes verbales appropriées au subjonctif ou à l'indicatif selon le contexte.

MODELE J'espère que le prof *sait* que j'ai beaucoup bouquiné. (savoir)

Il est douteux que tout le monde *reçoive* une bonne note. (recevoir)

1. Penses-tu que l'examen _____ très long? (être)

2. Le professeur doute que je _____ tout comprendre. (vouloir)

3. Mais comment veux-tu que je _____ absolument chaque mot? (comprendre)

4. Je veux que tes copains et toi, vous m' _____ un peu quelques jours avant l'examen. (aider)

5. Mes parents ne doutent pas que je _____ réussir cette année aux Etats-Unis. (pouvoir)

6. Je ne crois pas que le dernier chapitre _____ partie de cet examen. (faire)

7. Es-tu surpris(e) que j' _____ peur? (avoir)

8. Je pense qu'à l'examen, on _____ nous poser quatre questions. (aller)

9. Mon prof d'anglais est fâché que nous _____ autant de temps à préparer cet examen. (passer)

10. Je crois pourtant que nous _____ espérer obtenir un bon résultat. (pouvoir)

E. L'apprentissage en France. Vous envoyez un e mail pour obtenir des informations sur les stages de formation en France. Complétez le paragraphe suivant en choisissant bien entre le subjonctif, l'indicatif ou l'infinitif.

Monsieur, Madame,

Je suis un(e) étudiant(e) qui _____ (1. souhaiter) faire une formation professionnelle.

On m'a dit qu'il y a une école qui _____ (2. pouvoir) m'offrir une formation

accélérée. Est-ce vrai? Mes parents désirent que je / j' _____ (3. obtenir) un diplôme

à la fin de mon séjour. Est-il possible qu'un apprentissage me _____ (4. permettre)

de trouver un métier plus facilement? Je doute que le monde de l'entreprise _____

(5. être) accessible sans aucune expérience professionnelle. Qu'en pensez-vous? Merci à l'avance.

F. Il est essentiel… Choisissez un cours que vous suivez ce semestre et complétez les phrases suivantes de façon logique en fonction du cours choisi.

En cours de (d')…

1. Il est essentiel que nous _____.

2. Il vaut mieux que les étudiants _____.

3. Il est possible que le professeur _____.

4. C'est dommage que le professeur _____.

5. Il est probable que je _____.

G. Voici ce qui m'arrive. Vous écrivez à votre correspondant français. Utilisez les éléments proposés pour lui parler de votre année scolaire. Attention! Choisissez bien entre l'infinitif, l'indicatif ou le subjonctif selon le cas.

> **MODELE**   je / chercher / un(e) autre colocataire / pour / pouvoir mieux étudier
> *Je cherche un(e) autre colocataire pour pouvoir mieux étudier.*

1. Je vais attendre la fin du semestre pour _____.

2. J'aimerais changer de cours bien que _____.

3. Mon copain m'aide afin que _____.

4. Mes parents m'encouragent beaucoup de peur que _____.

5. Je veux changer de spécialisation afin de _____.

6. Je vais beaucoup étudier pendant le reste du semestre pour _____.

7. Je peux mieux étudier quand _____.

8. Je change d'appartement parce que _____.

9. Je n'ai jamais une bonne moyenne en maths même quand _____.

10. Je suis sûr(e) de trouver un emploi si _____.

H. A la recherche de l'idéal. Vous êtes très optimiste et vous voulez vraiment améliorer votre situation présente. Décrivez cette situation **(a)** et dites ce que vous souhaitez **(b)**.

> **MODELE**   un ami
> **a.** *J'ai un ami qui **est** très studieux.*
> **b.** *Je cherche un ami qui **aille** souvent au cinéma.*

1. un appartement

   a. _____

   b. _____

2. une spécialisation

   a. _____

   b. _____

3. un livre de français

   a. _____

   b. _____

4. un prof

   a. _____

   b. _____

5. un métier

   a. _____

   b. _____

I. La Sorbonne. Vous faites une visite guidée du campus de la Sorbonne pour la première fois. Certaines des informations vous surprennent. Complétez les phrases suivantes avec la forme appropriée du verbe entre parenthèses.

MODELE   C'est vraiment l'établissement le plus ancien que j'*aie visité!* (visiter)

1. Je crois que Robert de Sorbon est l'homme le plus philantrope que la France _____! (connaître)

2. On m'a dit que c'était la faculté de théologie la plus célèbre qui _____ à cette époque! (exister)

3. Je ne savais pas que cette université était la seule qui _____ les étudiants les plus pauvres à cette période! (accepter)

4. J'ai appris que Richelieu a été responsable de la reconstruction la plus importante que la Sorbonne _____ ! (subir)

5. On m'a fait remarquer que le dôme de la Sorbonne est un des plus classiques qui _____ construits en France. (être)

J. Mes valeurs. Complétez les phrases suivantes sur les sujets proposés. Choisissez entre le subjonctif et l'indicatif.

LA FAMILLE

1. Je suis content(e) que _____.

2. Quelquefois, je suis triste que _____.

3. Mes parents veulent que _____.

4. Je regrette que _____.

5. Quoique je _____.

MES COPAINS

1. Mes copains désirent souvent _____.

2. Je préfère que _____.

3. J'ai choisi des copains qui _____.

4. Ce sont les seuls personnes que _____.

5. Bien que je _____.

L'UNIVERSITÉ

1. Avant de _____.

2. Il est obligatoire que _____.

3. Il vaut mieux que _____.

4. Il est peu probable que _____.

5. J'ai quelquefois peur de _____.

K. «Admission Post-Bac» Comment? L'admission post-bac est un dispositif qui aide les étudiants en France à s'inscrire dans l'enseignement supérieur. Ce dispositif permet aux étudiants de faire une demande à plusieurs universités ou écoles à la fois. Lisez attentivement les quatre étapes différentes pour créer un dossier sur le site Web du Ministère de l'Enseignement Supérieur et de la Recherche. Ensuite, expliquez ces différentes étapes en écrivant huit phrases commençant par une expression qui nécessite le subjonctif.

> **MODELE** *D'abord, il faut que les étudiants s'enregistrent sur Internet.*

Vocabulaire utile	**aurez** *will have*
saisissez *submit*	**manquent** *are missing*
candidatures *applications*	**avertira** *will notify*
ajout et retrait de vœux *adding and withdrawing requests*	**le cas échéan**t *if need be*
(lit., wishes)	**serez** *will be*

«Admission Post-Bac» Comment?»

1ère étape — L'inscription par Internet

- Vous vous **enregistrez sur Internet** afin de constituer votre dossier électronique.
- Vous saisissez l'ensemble de vos demandes de poursuite d'études: **candidatures. Ajout et retrait de vœux: Du 20 janvier au 20 mars** pour tous vos vœux.
- Vous classez vos demandes selon votre préférence: **liste ordonnée des vœux.** Vous devez établir un premier classement dès la sélection des candidatures mais vous aurez ensuite la possibilité de le modifier **jusqu'au 31 mai.**

2ème étape — Constitution des dossiers de candidature

- Vous imprimez vos fiches candidatures à partir de votre dossier électronique, pour les formations qui demandent un dossier «papier».
- Vous constituez vos dossiers «papier» en vous conformant aux listes de pièces à joindre selon la formation demandée.
- Vous envoyez vos dossiers individuellement en respectant les dates indiquées sur les fiches de candidature.
- Vous vous assurez de la **bonne réception de vos dossiers.**
- **Dès l'envoi de vos dossiers «papier»,** consultez régulièrement votre **messagerie électronique;** en effet, si des pièces manquent à l'un de vos dossiers, un message vous en avertira, le cas échéant.
- **Vous vérifiez** que vos dossiers «papier» sont bien parvenus aux établissements sollicités et qu'ils sont complets en vous connectant à votre dossier électronique.

3ème étape — Résultats et réponses

- Vous pouvez **changer l'ordre de vos vœux jusqu'au 31 mai** minuit.
- Vous consultez votre dossier électronique à **chaque phase d'admission** par Internet et, lorsqu'une proposition vous est faite, vous y répondez à partir de votre dossier électronique. En **l'absence de réponse** avant **le mardi 14h,** vous serez **éliminé.**
- **1ère phase de propositions d'admission:** du **jeudi 7 juin** 14h au **mardi 12 juin** 14h
- **2ème phase de propositions d'admission:** du **jeudi 21 juin** 14h au **mardi 26 juin** 14h
- **3ème phase de propositions d'admission:** du **samedi 14 juillet** 14h au **jeudi 19 juillet** 14h

4ème étape — L'inscription administrative

- Après avoir répondu **«oui définitif»** à la proposition d'admission qui vous est faite sur Internet, vous devez vous préoccuper de **votre inscription administrative dans l'établissement** (dates spécifiques à respecter).
- Si, au terme de la procédure, vous n'avez aucune proposition d'admission, vous pourrez vous inscrire, à partir de votre dossier électronique, à la **«procédure complémentaire»** afin de vous porter candidat sur les places vacantes. Début de la procédure complémentaire: **le 22 juin à 14 h**

Source: "'Admission Post-Bac' comment?" from http://www.admission-postbac.fr/index.php?desc=comment. Used with permission from Ministère de l'Enseignement Supérieur et de la Recherche.

_____

_____

_____

_____

_____

_____

_____

_____

La rédaction par étapes

Et après? Dans le cadre d'un cours de philo, vous devez expliquer ce que vous attendez de vos études universitaires.

Etape 1: Mise en train

A. Les étudiants qui s'inscrivent à l'université obtiennent un diplôme universitaire après un minimum de quatre ans d'études. Votre tâche est de rédiger une composition pour expliquer comment cette période va vous préparer à la vie active et à l'insertion dans le monde du travail. Vous devez aussi expliquer comment les étudiants français vivent cette même situation. D'abord, dressez une liste de vos motivations pour aller à l'université, des objectifs que vous désirez atteindre et de vos espérances.

B. Dites si certaines de ces espérances se sont concrétisées ou bien si elles ont changé.

C. Rendez-vous sur le site Web d'*Interaction* pour «visiter» les sites de quelques universités françaises. Cela va vous aider à comprendre ce que les étudiants français attendent de leurs études universitaires et aussi à voir si leurs espérances sont différentes des vôtres. Recherchez sur le site Web les débouchés *(prospects),* les perspectives de carrière et d'insertion dans la vie professionnelle et les stages de formation offerts par les universités françaises.

Etape 2: S'exprimer par écrit

D. Maintenant que vous avez terminé votre recherche et que vous avez fait la liste de vos motivations, de vos espérances et des objectifs que vous voulez atteindre, présentez votre situation et ensuite, comparez-la à celle d'un(e) étudiant(e) français(e).

Utilisez les rubriques suivantes dans le **Système-D:**

Phrases: expressing opinion and preference, expressing a wish, expressing a desire
Vocabulary: education, university, professions, calendar
Grammar: subjunctive

🌐 Interaction cinéma: Pour aller plus loin

La magie d'Anansi: **Court-métrage** d'animation de Jamie Mason, Société de production: **Office National du Film du Canada – 2003**

A. Avant le troisième visionnage. De quoi vous souvenez-vous au sujet du film? Répondez aux questions.

1. Qui sont les personnages principaux du film?

   _____

2. Qu'est-ce qu'Anansi désire?

   _____

3. Qu'est-ce qu'il faut qu'Anansi fasse pour avoir ce qu'elle désire?

   _____

B. Après le troisième visionnage. Complétez le paragraphe avec la forme convenable des verbes que vous avez entendus.

Dame Nature (1) _____ à Anansi l'araignée le talent de tisser des toiles pour

attraper toutes les bestioles... Enfin, certaines bestioles. Un jour, Anansi (2) _____ dans

la jungle en regardant tous les animaux. Ils (3) _____ fiers de ce que Dame Nature leur

(4) _____. Anansi les (5) _____ tous, il n'y avait qu'une

chose qui n' (6) _____ pas: aucun autre animal ne (7) _____

Anansi, c'est du moins l'impression qu'elle (8) _____. Elle eut alors une idée. Si elle

(9) _____ l'animal le plus respecté du monde et qu'elle (10) _____

son respect, tous les autres animaux se mettraient alors à la respecter elle aussi...

C. A vous. Nous apprenons dans le film que le serpent est l'animal le plus long de la jungle et le tigre le plus respecté. Quels superlatifs sont associés aux autres animaux de l'histoire?

1. l'éléphant _____
2. le singe _____
3. le crocodile _____
4. la girafe _____
5. les oiseaux _____

Maintenant, pensez aux fables et contes que vous avez lus. Dans lesquels figurent les animaux ci-dessus? Est-ce que les superlatifs que vous venez d'écrire correspondent aux personnages de ces fables et contes? Expliquez.

_____

_____

_____

_____

_____

_____

CHAPITRE 9

La francophonie

Activités orales

Pour mieux comprendre

 CD5-2

Une Guadeloupéenne en France. Ecoutez attentivement la conversation entre Patrice et Maguy, une étudiante de la Guadeloupe qui étudie en France, puis faites les exercices suivants. Vous pouvez écouter la conversation plusieurs fois, si cela est nécessaire.

A. Compréhension générale. Cochez (✓) la réponse correcte aux questions suivantes.

☐ oui	☐ non	**1.** Patrice connaît Maguy depuis un certain temps?
☐ oui	☐ non	**2.** Maguy regrette beaucoup son pays natal?
☐ oui	☐ non	**3.** Maguy est-elle bachelière?
☐ oui	☐ non	**4.** Maguy a-t-elle passé son bac en France?
☐ oui	☐ non	**5.** Maguy a-t-elle eu des difficultés à s'adapter à la vie en France?
☐ oui	☐ non	**6.** Le créole est la langue officielle en Guadeloupe?
☐ oui	☐ non	**7.** Maguy parle uniquement la langue française?
☐ oui	☐ non	**8.** Le bilinguisme est-il fréquent aux Antilles?

B. Quelle est la bonne réponse? Complétez les phrases suivantes d'après la conversation que vous venez d'entendre.

1. Maguy est en France parce qu'elle (est née à Montpellier / a trouvé un travail / est inscrite à l'université).

2. Maguy a passé le bac français (en Guadeloupe / à Paris / dans un lycée de Montpellier).

3. Tous les Guadeloupéens (ont la nationalité française / parlent créole / doivent passer leur bac en France).

4. Les Guadeloupéens viennent souvent en France pour (apprendre à parler français / faire des études universitaires / obtenir la nationalité française).

5. Patrice pense que (qu') (les Guadeloupéens parlent sans accent / les Guadeloupéens parlent anglais / il a besoin de visiter des pays francophones).

C. Repérage grammatical. Dans la conversation précédente, vous entendez plusieurs verbes qui sont utilisés avec une préposition. Indiquez dans le tableau suivant uniquement les verbes utilisés avec une préposition en écrivant les prépositions qui les accompagnent.

verbe	préposition	verbe	préposition	verbe	préposition
1. connaître	_____	5. être heureux	_____	8. apprendre	_____
2. décider	_____	6. regretter	_____	9. croire	_____
3. réussir	_____	7. s'habituer	_____	10. remarquer	_____
4. s'inscrire	_____				

🔊 CD5-3

D. Les anciennes colonies de la France. Ecoutez attentivement la conversation entre Nathalie et André, puis indiquez si les phrases suivantes sont vraies **(V)** ou fausses **(F)**. Vous pouvez écouter la conversation plusieurs fois si nécessaire.

_____ **1.** André a déjà posé des questions à Nathalie sur l'Amérique.

_____ **2.** Il y a beaucoup d'immigrés africains en France.

_____ **3.** La France a toujours d'importantes colonies au Maghreb.

_____ **4.** L'influence française a totalement disparu en Afrique.

_____ **5.** Beaucoup de Maghrébins et d'Africains viennent en France pour trouver du travail.

_____ **6.** En général, les étudiants maghrébins ne parlent pas français.

_____ **7.** En Afrique, le français est encore utilisé dans les universités.

_____ **8.** La France offre une formation professionnelle aux étudiants africains.

_____ **9.** Il est assez facile de trouver un emploi en France pour un immigré.

_____ **10.** La politique en France est influencée par la présence des immigrés.

E. Compréhension détaillée. Ecoutez la conversation précédente encore une fois. Ensuite, répondez aux questions pour résumer les détails les plus importants.

1. D'où viennent principalement les immigrés qui vivent en France?

   _____.

2. Où se trouvent les anciennes colonies de la France?

   _____.

3. Pour quelles raisons les immigrés viennent-ils en France?

   _____.

4. Quels sont les obstacles majeurs que rencontrent certains immigrés?

   _____.

5. Qu'est-ce que Nathalie veut mieux connaître?

   _____.

🔊 CD5-4

F. A l'aéroport. Ecoutez attentivement la conversation suivante entre Françoise et Catherine. Puis indiquez qui dirait *(would say)* chaque phrase: Françoise **(a)**, Catherine **(b)** ou les deux **(c)**.

_____ **1.** Je suis contente de te voir!

_____ **2.** Je viens d'être reçue au bac.

_____ **3.** Je voudrais mieux parler l'anglais.

_____ **4.** Je pars en vacances au Maghreb.

_____ **5.** J'ai de la famille au Maroc.

_____ **6.** Le bac était difficile.

_____ **7.** Il va faire très chaud là-bas!

_____ **8.** Je compte voir un paysage varié.

_____ **9.** Je ne suis jamais allée à Boston.

_____ **10.** Oh! On annonce mon vol.

A vous la parole!

🔊 CD5-5

G. Les expressions idiomatiques. Vous rentrez de vacances et votre ami Michel veut savoir comment le voyage s'est passé. Employez les expressions idiomatiques et les prépositions appropriées pour répondre à ses questions.

> **MODELE**   VOUS ENTENDEZ: Tu préfères toujours voyager en train?
>
> VOUS LISEZ: non / je / ne plus tenir / voyager en train
>
> VOUS DITES: *Non, je ne tiens plus à voyager en train.*

1. non / je / s'habituer / prendre l'avion

2. oui / je / avoir peur / rater ma correspondance

3. non / je / réussir / monter dans l'avion

4. je / se mettre / lire une bande dessinée

5. je / ne pas vouloir / risquer / penser aux accidents d'avion

🔊 CD5-6

H. Et après? Vous voulez savoir ce que Camille a fait l'été dernier. Posez-lui des questions d'après le modèle.

> **MODELE**   VOUS ENTENDEZ: J'ai fait des études en Suisse.
>
> VOUS DITES: *Après avoir fait des études en Suisse, qu'est-ce que tu as fait?*

(Numéros 1–5)

CD5-7

I. CODOFIL (Conseil pour le développement du français en Louisiane). En 1968, un acte législatif en Louisiane a créé le Conseil pour le développement du français en Louisiane dont l'objectif principal est de préserver la culture et la langue des francophones louisianais. Lisez cet extrait du site Web de CODOFIL et résumez en cinq phrases minimum ce que vous avez appris en utilisant des verbes qui nécessitent une préposition et des pronoms relatifs. Vous pouvez vous aider en lisant la liste de verbes présentée aux pages 334–335 dans votre manuel.

CODOFIL

Conseil pour le développement du français en Louisiane

D'après le recensement de 1990, à peu près 250 000 Louisianais ont répondu que le français était la langue principale parlée chez eux. Le recensement de 2000 montre 198 784 francophones louisianais qui ont plus de 5 ans, incluant 4 470 personnes qui parlent le français créole. Le Conseil pour le développement du français en Louisiane a été créé en 1968 par un acte de la législature. L'objectif de cet acte était de préserver ce noyau de francophones* qui existait déjà en Louisiane. D'après l'Acte 409, le Gouverneur de Louisiane a «... le pouvoir d'établir le Conseil pour le Développement du Français Louisianais, telle agence de consister en 50 membres maximum, y compris le Chef...». Le CODOFIL a le pouvoir de «faire tout ce qui est nécessaire pour encourager le développement, l'utilisation et la préservation du français tel qu'il existe en Louisiane pour le plus grand bien culturel, économique et touristique pour l'état». Par la suite, le nom de l'agence est devenu le Conseil pour le Développement du Français en Louisiane.

Vision

Pour donner aux communautés francophones louisianaises les moyens nécessaires de vivre leur vie en français.

Mission

La mission du CODOFIL a deux volets: offrir aux citoyens louisianais, qu'ils soient d'origine française ou pas, l'occasion soit d'apprendre le français, soit d'améliorer et d'utiliser le français qu'ils connaissent déjà; et d'explorer, de comprendre et de soutenir l'héritage cadien, créole et francophone en Louisiane pour le plus grand bien culturel, économique et touristique de tous ses citoyens.

Philosophie

Nous allons chérir notre passé pour enrichir notre avenir en affirmant notre identité francophone par le biais de l'éducation (1er objectif), du service communautaire (2ème objectif) et des échanges internationaux (3ème objectif).

- **Premier objectif: Education**

  Offrir aux étudiants louisianais de l'enseignement primaire, secondaire et universitaire ainsi qu'aux professeurs et aux directeurs l'opportunité de développer et d'améliorer leur connaissance de la langue française.

- **Deuxième objectif: Service Communautaire**

  Offrir aux citoyens louisianais les renseignements et les occasions nécessaires au développement de l'héritage linguistique et culturel des Cadiens, Créoles et Amérindiens francophones de l'état. Le CODOFIL va arriver à ses objectifs par les moyens suivants:

      Dissémination des informations
      Relations coummunautaires
      ABC 2000 – alphabétisation en français
      Promotion de littérature louisianaise française
      Publication de *La Gazette*
      Média-Louisiane – promotion des médias francophones

- **Troisième objectif: Echanges Internationaux**

  Intégrer la Louisiane au sein des organisations internationales formant la communauté francophone.

© Cengage Learning

MODELE *CODOFIL, qui existe depuis 1968, vise à préserver la langue et la culture francophones en Louisiane.*

_____

_____

_____

_____

_____

_____

 CD5-8

J. La Martinique. Votre ami, qui vient de rentrer de la Martinique, vous montre des photos de son voyage. En utilisant le pronom **dont,** combinez les deux phrases en une seule.

    MODELE VOUS ENTENDEZ (ET LISEZ): Voilà l'île. Nous parlions de cette île.

                    VOUS DITES: *Voilà l'île dont nous parlions.*

    1. C'est notre hôtel. Je vous ai parlé de cet hôtel.

    2. Voilà un ami. La sœur de cet ami est médecin.

    3. Voilà la plage. Je vais me souvenir de cette plage.

    4. C'était un beau voyage. J'avais besoin d'un beau voyage.

    5. Voilà d'énormes vagues. J'avais très peur de ces vagues.

 CD5-9

K. Sois plus précis, s'il te plaît. Vous discutez avec un ami et vous voulez plus de précisions. Pour chaque information, posez une question en utilisant le début de phrase proposé.

    MODELE VOUS ENTENDEZ: J'ai téléphoné à ma cousine.

                VOUS LISEZ: Où habite la cousine...

                VOUS DITES: *Où habite la cousine à qui tu as téléphoné?*

    1. As-tu aimé les conférences...

    2. Aimes-tu le prof...

    3. Où est le magasin...

    4. Où habite l'ami...

    5. Où est le billet de dix euros...

CD5-10

Proverbe

Vous allez entendre un proverbe français. Choisissez la phrase qui explique le sens de ce proverbe.

Le monde appartient *(belongs)* à ceux qui se lèvent tôt.

a. Se lever tard est une mauvaise habitude.

b. Le monde n'attend pas ceux qui dorment trop.

c. Il ne faut pas perdre son temps dans la vie.

d. Pour vivre pleinement, il faut se lever de bonne heure.

 CD5-11

Prononcez bien!

Le son vocalique [y]

L'opposition des sons vocaliques [y] et [i]

	[y]	[i]
langue	Elle touche les dents inférieures.	
lèvres	Elles sont très arrondies.	Elles sont très étirées.

A votre tour!

A. Ecoutez les paires de mots suivantes et répétez-les.

1. biche, bûche   **4.** lit, lu

2. si, su   **5.** mie, mue

3. dit, du

🔊 CD5-12

B. Ecoutez les phrases suivantes, puis répétez chacune d'elles. Ensuite, indiquez combien de fois vous entendez les sons vocaliques [y] et [i].

	[y]	[i]
MODELE Tu as vu la libellule?	3	1
1.		
2.		
3.		
4.		
5.		
6.		
7.		

🔊 CD5-13

L'opposition des sons vocaliques [y] et [u]

	[y]	[u]
langue	Elle est en avant.	Elle est en arrière.
lèvres	Elles sont très arrondies.	

A votre tour!

C. Ecoutez les paires de mots suivantes et répétez-les. Ensuite, indiquez l'ordre où vous entendez les sons vocaliques [y] et [u].

	[y]	[u]
MODELE nous, nu	2	1
1.		
2.		
3.		
4.		
5.		
6.		
7.		

 CD5-14

D. Répondez aux questions suivantes à la forme affirmative en faisant attention au son [y] et aux enchaînements vocaliques.

> **MODELE**   Tu as eu une surprise dans le Jura?
> *Oui, j'en ai eu une.*

1. Tu as vu une affiche de l'île de La Réunion?

2. Tu as connu une fille au Luxembourg?

3. Tu as reçu une lettre en Tunisie?

4. Tu as bu une bière à Bruxelles?

5. Tu as vu une plage dans le sud de la France?

Activités écrites

Structures et vocabulaire actif

 CD5-15

Dictée

La présence française en Amérique du Nord. L'influence française est toujours présente dans plusieurs parties de l'Amérique du Nord. Vous allez entendre le passage suivant trois fois. La première fois, écoutez simplement, la deuxième fois, écrivez et la troisième fois, vérifiez attentivement votre texte.

_____

_____

_____

_____

_____

_____

_____

_____

_____

A. Un emploi très intéressant. Pendant votre séjour à Paris, vous faites la connaissance d'une jeune Française qui travaille pour une banque française au Togo. Complétez ses phrases en utilisant une préposition quand il le faut.

    MODELE   Je tiens *à profiter* au maximum de cette expérience.

    1. Je suis allée _____ travailler au Togo il y a deux ans.

    2. J'ai décidé _____ voyager et _____ voir le monde.

    3. Je ne regrette pas _____ avoir pris cette décision.

    4. Après six mois, je me suis habituée _____ vivre dans cette société.

    5. J'essaie toujours _____ m'adapter à la culture indigène.

    6. Je commence _____ apprendre _____ beaucoup de choses sur la culture du pays.

    7. J'ai réussi _____ me faire beaucoup d'amis parmi les employés de la banque.

    8. Je peux encore _____ continuer _____ travailler deux ans au Togo.

    9. Je pense _____ rentrer en France dans deux ans.

    10. Je vais vraiment profiter _____ cette expérience à l'étranger.

Nom _____ Date _____

B. Votre expérience culturelle. Vous êtes en France depuis trois mois et vous écrivez un email à votre professeur de français. Complétez votre email par les prépositions convenables quand elles sont nécessaires.

Chère Madame (Cher Monsieur),

Me voici bien établi(e) (1) _____ Nice. Je suis arrivé(e) (2) _____ octobre et il est difficile

(3) _____ croire que (4) _____ trois mois, j'ai vécu et étudié (5) _____ France. J'habite

(6) _____ des gens très gentils; ils ont une jolie maison (7) _____ deux étages, (8) _____ pierre comme la

plupart des maisons dans la région. Il y a peu de maisons (9) _____ bois ici (10) _____ France.

Tout va très bien. Il y a des différences culturelles intéressantes. Dans cette famille, par exemple, on a une machine (11) _____

laver, une machine (12) _____ laver la vaisselle, un robot électrique, mais pas de sèche-linge. (13) _____ sécher la lessive,

on la met dehors où elle sèche (14) _____ moins d'une heure. J'ai aussi remarqué que les femmes (15) _____ Nice

portent très souvent des robes (16) _____ coton ou même (17) _____ soie, des jeans et même des tee-shirts, mais

presque jamais de shorts comme les femmes américaines dans les climats chauds. C'est difficile (18) _____ croire, non?

(19) _____ cette famille, il y a une voiture, mais on se promène rarement (20) _____ voiture. On va partout à pied et on

voyage (21) _____ le train. La semaine prochaine, par exemple, nous avons l'intention de prendre le train pour aller dans leur résidence

secondaire (22) _____ Saint-Paul-de-Vence (23) _____ trois jours. La famille dîne très souvent (24) _____

restaurant et au lieu d'inviter des amis (25) _____ elle, tout le monde se donne rendez-vous (26) _____ bistro. A propos

de nourriture, cette famille mange très bien mais de façon assez différente de la mienne. Le matin, on prend une tasse (27) _____

café et une tartine. La plupart des membres de cette famille ne peuvent pas rentrer (28) _____ midi. Ils déjeunent en ville, mais tout

le monde se retrouve à table le soir (29) _____ huit heures pour prendre le souper, une omelette (30) _____ jambon, par

exemple, avec une salade (31) _____ tomates, du pain, du fromage et un petit verre (32) _____ vin.

Je me suis bien adapté(e) à ces habitudes françaises. L'année scolaire finit (33) _____ juin; (34) _____ six mois, il

va donc falloir m'habituer de nouveau aux coutumes nord-américaines.

C. Les détails de la vie quotidienne. Complétez chaque phrase par un nom en ajoutant une préposition si c'est nécessaire.

1. J'ai dû payer _____.

2. J'adore jouer _____.

3. J'ai besoin _____.

4. Avec mes copains, on parle _____.

5. Dans la vie, je cherche _____.

6. Je m'intéresse surtout _____.

7. Quelquefois, je me moque _____.

8. Je visite souvent _____.

9. Hier, je pensais _____.

10. Je vais téléphoner _____.

D. Une maison intéressante. Bruno décrit la maison de ses grands-parents. Complétez sa description par les prépositions convenables.

Mes grands-parents ont bâti une maison (1) _____ Corse. Cette maison se trouve (2) _____ Ajaccio, la ville principale. Il est assez difficile (3) _____ arriver (4) _____ leur maison parce qu'elle est située (5) _____ un bois, en haut d'une montagne. Mais en y arrivant, on constate que c'est vraiment quelque chose (6) _____ voir. C'est une maison (7) _____ deux étages, construite (8) _____ bois et (9) _____ briques, avec beaucoup de fenêtres (10) _____ verre fumé d'où on a une vue splendide. On passe (11) _____ la porte et on se trouve (12) _____ l'intérieur d'une résidence très confortable. Il y a une salle (13) _____ séjour, plusieurs chambres, deux salles (14) _____ bain, une petite pièce avec la machine (15) _____ laver. Il est impossible (16) _____ décrire tous les aspects luxueux de cette maison. Et la nature est aussi très belle. (17) _____ printemps et (18) _____ été, il y a des fleurs et beaucoup de végétation. (19) _____ hiver, il fait toujours beau. Ils sont très près de Marseille; (20) _____ quelques heures, ils peuvent y être et ils y vont souvent (21) _____ bateau. Ils vont aussi (22) _____ Paris (23) _____ avion. A mon avis, c'est une vie idéale. J'espère un jour avoir l'occasion (24) _____ mener le même genre de vie.

E. On a beaucoup voyagé. Un ami québécois vous écrit pour décrire un voyage qu'il vient de faire. Complétez son email en ajoutant le participe présent ou l'infinitif du verbe entre parenthèses, selon le cas.

    MODELE   Nous avions envie de *faire* un voyage. (faire)

1. En _____ la carte, nous avons pris la décision de visiter la France et le Maghreb. (regarder)

2. Nous avons pu voir beaucoup de jolis paysages en _____ de Paris à Marseille par le train. (aller)

3. C'est un voyage que nous n'avons pas pu faire sans _____. (se fatiguer)

4. En _____ de Marseille, on a commencé à _____ de nouveau la carte. (partir, regarder)

5. Avant d' _____ en Tunisie, nous avons essayé d' _____ un peu d'arabe. (aller, apprendre)

6. En _____, on a parlé de toutes les belles choses qu'on avait vues pendant les vacances. (rentrer)

7. Nous ne pouvions pas nous arrêter de _____ de notre voyage. (parler)

8. Il va falloir s'habituer à nouveau à _____ le train-train quotidien. (reprendre)

9. Nous passerons plusieurs soirées à _____ les photos en _____ aux prochaines vacances. (regarder, rêver)

10. Quelle chance de pouvoir _____ tout en _____ le monde! (s'amuser, découvrir)

F. Toujours en voyage. Votre professeur parle de tous ses voyages. Refaites les phrases suivantes en ajoutant les pronoms relatifs convenables.

1. J'ai souvent rêvé de ce pays. Nous avons visité ce pays.

   _____.

2. Mardi gras est une grande fête dans ce pays. Mardi gras a lieu généralement en février.

   _____.

3. Nous avons acheté le livre. Le guide l'a conseillé.

   _____.

4. Voilà ma copine. J'ai voyagé avec cette copine.

   _____.

5. Cette ville se trouve dans le Sahara. Le Sahara est en Afrique.

   _____.

6. C'est le pays. Ma copine Chantal est partie de ce pays il y a longtemps.

   _____.

7. J'ai souvent entendu parler de ce pays. Ce pays est l'un des pays les plus exotiques du monde.

   _____.

8. Voilà le guide. Il a beaucoup contribué à rendre le voyage agréable.

   _____.

9. Je suis très content(e) du voyage. J'ai fait ce voyage.

   _____.

10. Le Niger est un pays du Sahel. Je connais bien ce pays.

   _____.

Nom _____   Date _____

G. Un voyage au Sénégal. Votre professeur de français vient de faire un voyage au Sénégal pendant les vacances. Complétez la description de son voyage par les pronoms relatifs convenables. Ajoutez **ce** devant le pronom s'il n'y a pas d'antécédent exprimé.

Pendant notre visite du Sénégal, notre guide était une personne (1) _____ m'a vraiment impressionné(e). Elle s'appelait Lucie et elle savait tout (2) _____ était intéressant au sujet de chaque ville (3) _____ nous visitions. La compagnie pour (4) _____ elle travaillait s'appelait «Voyages fantastiques», et c'est un nom (5) _____ lui convenait. Les coutumes (6) _____ Lucie nous a parlé, les curiosités (7) _____ elle a montrées, les routes sur (8) _____ elle nous a amenés, tout (9) _____ elle nous a expliqué était, en effet, fantastique. Le chauffeur (10) _____ conduisait notre car était, lui aussi, très amusant. Ils étaient tous les deux des gens avec (11) _____ on était à l'aise. Tout le groupe avec (12) _____ nous avons voyagé s'est beaucoup amusé, surtout grâce à Lucie, (13) _____ n'a pas arrêté de bavarder avec nous. Ça a vraiment été une excursion (14) _____ je vais me souvenir pendant longtemps.

H. Selon moi... Parlez de vous et de vos opinions en complétant chaque phrase par le pronom relatif convenable et vos idées.

1. Paris est une ville _____.
2. J'aime les films _____.
3. Mon / Ma prof de français est une personne _____.
4. Je préfère les émissions _____.
5. Ma famille demeure dans une ville _____.
6. Je suis des cours _____.
7. J'ai une amie _____.
8. Je suis le genre de personne _____.
9. Je suis né(e) dans un endroit _____.
10. Le pire moment de ma vie, ça a été le moment _____.

La rédaction par étapes

Les raisons pour lesquelles j'apprends le français. Vous avez choisi d'apprendre le français comme langue étrangère et votre université vous demande de rédiger un article pour expliquer les raisons qui ont motivé votre choix. Cet article va aider les nouveaux étudiants à choisir une langue étrangère. Vous devez donc présenter tous les avantages que vous apporte la connaissance d'une langue étrangère, le français en l'occurrence.

Etape 1: Mise en train

A. Vous allez réfléchir à tous les éléments qui sont entrés en jeu au moment où vous avez choisi d'étudier le français (attirance personnelle, influence de la famille ou des amis, avantage pour la carrière professionnelle, désir de voyager en France ou ailleurs en francophonie). Toutes vos motivations doivent être aussi détaillées que possible et elles doivent refléter fidèlement votre choix personnel.

B. Faites une liste de tout ce que vous avez réellement découvert en apprenant le français. Parlez de votre expérience personnelle.

C. Consultez des programmes d'apprentissage du français sur Internet pour trouver le vocabulaire nécessaire. Radio France Internationale avec sa section «langue française» est un bon exemple de ressources possibles.

Etape 2: S'exprimer par écrit

D. Maintenant que vous avez terminé votre liste et que vous avez vérifié le vocabulaire dont vous avez besoin, rédigez votre article en indiquant précisément les raisons de votre choix, les attentes que vous aviez avant de commencer l'étude du français et vos impressions maintenant que vous l'étudiez. Est-ce que le résultat actuel correspond à toutes vos attentes? Regrettez-vous d'avoir choisi le français? Soyez aussi sincère que possible et parlez de votre expérience personnelle. Utilisez des pronoms relatifs autant que possible.

> **SYSTÈME-D**
>
> Utilisez les rubriques suivantes dans le **Système-D:**
>
> **Phrases:** expressing an opinion, comparing and contrasting, linking ideas
> **Vocabulary:** countries, geography, languages
> **Grammar:** relative pronouns, prepositions

Interaction cinéma: Pour aller plus loin

L'entrevue: **Court-métrage de Claire Blanchet, Société de production, Office national du film du Canada – 2009**

A. Avant le troisième visionnage. De quoi est-ce que vous vous souvenez au sujet du film? Répondez aux questions.

1. Pourquoi la personne interviewée n'est-elle pas prise au sérieux?

_____.
_____.

2. A quoi pense l'employeur pendant l'entretien?

_____.
_____.

3. Combien de temps l'entretien dure-t-il?

_____.
_____.

4. Comment réagit la personne interviewée face au traitement qu'elle reçoit de l'employeur?

_____.
_____.

5. Qu'est-ce qui se passe à la fin du film?

_____.
_____.

B. Après le troisième visionnage. Complétez la conversation avec les prépositions qui conviennent.

—Bonjour.

—Merci _____ me recevoir _____ l'entrevue, j'ai beaucoup _____ apporter à votre compagnie, la plus grande compagnie de

téléphones mobiles _____ Canada.

—Ça fait longtemps que vous cherchez du travail?

—Euh, non. Je viens _____ terminer un projet d'accès de services de collectivités _____ certaines régions rurales _____
l'Inde.

—Est-ce que l'origine de votre nom est africain?

—C'est arabe, on le prononce Mukhtar, ça veut dire *choisir*.

—Bon, merci d'être venu, on vous appellera.

—Déjà, drôle d'entrevue. Vous n'avez posé aucune question _____ mon expérience.

—Ecoutez, Monsieur Mokmouk...

—Mukhtar. C'est Mukhtar. _____ quoi vous basez-vous exactement _____ embaucher? Vous n'avez même pas mentionné ma

maîtrise _____ génie de Harvard. Je mérite mieux que ça.

—Attendez, c'est vous le génie dont les Ressources humaines m'ont parlé. Je m'excuse. Est-ce qu'on peut recommencer?
Vous allez m'épeler votre nom.

—D'accord, M-U-K-H...

C. A vous. Imaginez qu'on vous a engagé(e) pour assurer l'égalité dans l'entreprise de l'employeur. Notez cinq erreurs que
l'employeur a faites pour lui en parler plus tard.

    1. _____

    2. _____

    3. _____

    4. _____

    5. _____

CHAPITRE 10

Découvrir et se découvrir

Activités orales

Pour mieux comprendre

 CD5-16

Dans une agence de voyage. Ecoutez attentivement la conversation entre Mireille et l'agent de voyages puis faites les exercices suivants. Vous pouvez écouter la conversation plusieurs fois, si cela est nécessaire.

A. Compréhension générale. Cochez (✓) la réponse correcte aux questions suivantes.

☐ oui	☐ non	**1.**	Mireille connaît-elle le prix de son voyage à Bruxelles?
☐ oui	☐ non	**2.**	Elle part pour les Etats-Unis le 20 août?
☐ oui	☐ non	**3.**	Hésite-t-elle sur le choix d'un moyen de transport?
☐ oui	☐ non	**4.**	Les étudiants ont-ils droit à une réduction des tarifs?
☐ oui	☐ non	**5.**	La gare du Nord se trouve-t-elle à Bruxelles?
☐ oui	☐ non	**6.**	Mireille veut-elle prendre un aller-retour?
☐ oui	☐ non	**7.**	Le voyage en avion est-il très compliqué?
☐ oui	☐ non	**8.**	Mireille a-t-elle déjà fait de nombreux voyages en France?
☐ oui	☐ non	**9.**	Mireille souhaite ne pas dépenser trop d'argent?
☐ oui	☐ non	**10.**	L'agent est-il très serviable et aimable?

B. Choisissez la bonne réponse. Pour chacune des questions suivantes, choisissez la réponse appropriée selon la conversation que vous venez d'entendre.

1. Pourquoi Mireille se trouve-t-elle dans une agence de voyages?

   a. Elle veut acheter un billet d'avion pour les Etats-Unis.

   b. Elle se renseigne sur les billets d'avion et de train pour Bruxelles.

   c. Elle a décidé de prendre le train pour se rendre en Belgique.

2. Quel avantage la carte d'étudiant offre-t-elle à Mireille?

   a. Mireille peut bénéficier d'un moyen de transport sans payer.

   b. Mireille peut calculer elle-même le prix du billet.

   c. Mireille peut payer son billet moins cher.

3. Qu'est-ce qui se passe si on prend le train pour aller de Montpellier à Bruxelles?

   a. Il faut changer de gare à Paris.

   b. Il faut faire plusieurs escales.

   c. Il n'y a pas d'arrêt entre Montpellier et Bruxelles.

4. Que va faire l'employé de l'agence de voyages?

   a. Il va préparer tout de suite le billet de Mireille.

   b. Il va préparer deux itinéraires possibles.

   c. Il va décider pour Mireille.

5. Qu'est-ce qui est le plus important pour Mireille?

   a. Arriver le plus vite possible à Bruxelles.

   b. Faire un voyage économique.

   c. Voyager uniquement en train.

C. Les idées principales. Ecoutez la conversation encore une fois. Ensuite, complétez les phrases suivantes pour résumer les détails les plus importants. (Attention! Vos réponses aux activités A et B peuvent aussi vous aider.)

1. A la fin de l'été Mireille va partir aux _____. Mais, son avion ne part pas de _____ où elle habite. Il part de Bruxelles.

2. Elle se rend dans une agence de voyages parce qu'elle ne sait pas si elle doit prendre un avion ou _____ pour aller à Bruxelles.

3. L'agent lui explique qu'elle peut bénéficier d' _____ sur tous les transports avec _____.

4. Mireille veut que l'agent calcule le prix d' _____ par _____ et en _____.

5. L'agent pense qu'il vaut mieux prendre _____ parce que _____.

6. Mais ce que Mireille désire surtout est _____.

🔊 CD5-17

D. Nous allons faire du camping. Ecoutez attentivement la conversation suivante entre Sophie et Luc. Puis indiquez si les phrases suivantes sont vraies **(V)** ou fausses **(F)**. Vous pouvez écouter la conversation plusieurs fois si nécessaire.

_____ **1.** Luc n'a jamais fait de camping sur la Côte d'Azur.

_____ **2.** Sophie va partir la semaine prochaine.

_____ **3.** Luc veut quelques renseignements avant de se décider.

_____ **4.** Toute la bande de copains étudie à la fac.

_____ **5.** Le frère de Sophie est étudiant.

_____ **6.** Il va falloir toute une journée de voyage pour arriver à Cannes.

_____ **7.** Le programme du week-end va être sportif.

_____ **8.** Luc n'aime pas beaucoup le poisson.

_____ **9.** La marche à pied aide à mieux dormir.

_____ **10.** Luc décide d'accompagner Sophie.

E. Quelle réponse choisir? D'après cette conversation, choisissez la bonne réponse pour compléter chacune des phrases suivantes.

1. Sophie, Luc et leurs copains vont passer le week-end (à la plage / à la montagne / dans un gîte rural).

2. Le groupe va être composé des amis (de Sophie / de Philippe, le frère de Sophie / de Sophie et de Philippe).

3. Le groupe va partir (le matin / vers midi / l'après-midi).

4. Le groupe a l'intention de (faire du bateau / manger du poisson / beaucoup nager).

5. Luc ne savait pas (que Sophie faisait souvent du camping / que faire du camping pourrait être si agréable / qu'on dormait si bien à la montagne).

F. Repérage grammatical. Dans la conversation que vous venez d'entendre, Sophie et Luc utilisent des expressions verbales au futur et au conditionnel. Dans la liste suivante, cochez uniquement les verbes que vous entendez au futur ou au conditionnel. Vous pouvez écouter le dialogue plusieurs fois si nécessaire.

verbes	futur	conditionnel
1. intéresser	_____	_____
2. entendre parler	_____	_____
3. se passer	_____	_____
4. être	_____	_____
5. étudier	_____	_____
6. partir	_____	_____
7. voyager	_____	_____
8. manger	_____	_____
9. dormir	_____	_____
10. aller	_____	_____

A vous la parole!

 CD5-18

G. Les expressions idiomatiques. Votre colocataire Martine vous parle de ses projets de voyage. Choisissez une phrase de la liste pour répondre à ce qu'elle dit.

> **MODELE** Vous entendez: Je voudrais faire un voyage en Espagne, mais ça coûte cher.
>
> Vous dites: *Il faut que tu fasses des économies.*

Réponses: Il faut que tu fasses des économies.   Il faut que tu fasses une mise au point.

J'ai fait le plein ce matin.   Je vais m'en occuper.

Tu dois en profiter.   Tu peux te faire bronzer à la plage.

(Numéros 1–5)

 CD5-19

H. Et après l'université? Un ami de Thierry lui demande ce qu'il a comme projets après qu'il aura terminé ses études universitaires. Vous jouez le rôle de Thierry et vous répondez à toutes les questions par l'affirmative.

> **MODELE** Vous entendez: Prendras-tu un poste de prof d'anglais, si c'est possible?
>
> Vous dites: *Oui, je prendrai un poste de prof d'anglais, si c'est possible.*

(Numéros 1 à 5)

 CD5-20

I. Que feriez-vous? Imaginez ce que vous feriez si vous héritiez de dix millions de dollars. Dites ce que vous feriez avec cet argent en suivant les indications données.

> **MODELE** Vous entendez: Si vous aviez assez d'argent, que feriez-vous?
>
> Vous lisez: construire des maisons pour les pauvres
>
> Vous dites: *Si j'avais assez d'argent, je construirais des maisons pour les pauvres.*

1. aider à protéger l'environnement

2. développer un système pour assurer de la nourriture pour les pauvres

3. contribuer à la recherche médicale

4. travailler pour changer le système médical dans ce pays

5. organiser des programmes d'échanges pour améliorer les rapports internationaux

6. créer de nouvelles bourses pour les étudiants

CD5-21

J. Pourriez-vous m'aider? Beth, qui étudie en France cette année, souhaite que sa propriétaire l'aide à préparer un voyage à Londres. Aidez Beth à poser ses questions plus poliment en utilisant le conditionnel au lieu du présent.

> **MODELE** Vous entendez: Venez-vous avec moi?
>
> Vous dites: *Viendriez-vous avec moi?*

(Numéros 1 à 6)

CD5-22

K. Une vie différente. Qu'auriez-vous fait si vous n'aviez pas choisi de venir à l'université? En quoi votre vie aurait été différente? Imaginez quelques possibilités en suivant les suggestions proposées.

MODELE   VOUS ENTENDEZ: Qu'est-ce que tu aurais fait si tu n'étais pas allé(e) à l'université?

VOUS LISEZ: travailler pour mon oncle

VOUS DITES: *J'aurais peut-être travaillé pour mon oncle.*

1. chercher un poste à la banque

2. me marier

3. travailler dans une boutique

4. entrer dans le Corps de la Paix

5. faire une carrière dans le cinéma

6. devenir écrivain

 CD5-23

Proverbe

Vous allez entendre un proverbe français. Choisissez la phrase qui explique le sens de ce proverbe.

Qui veut aller loin ménage sa monture *(mount [horse])*.

a. Pour faire un long voyage, il faut un moyen de transport confortable.

b. Il vaut mieux bien préparer ses voyages.

c. Si l'on veut voyager loin, il faut être prudent.

d. Il faut prendre bien soin de sa voiture si on veut voyager loin.

 CD5-24

Prononcez bien!

Le r français

En français, pour prononcer le [R], la pointe *(tip)* de la langue touche les dents inférieures, le dos de la langue est relevé et il y a une brève vibration de la luette *(uvula)*.

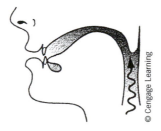

© Cengage Learning

A votre tour!

A. Ecoutez et répétez les mots suivants.

1. un renseignement

2. l'autoroute

3. les freins

4. la batterie

5. le séjour

6. un tarif

7. intéressant

 CD5-25

B. Dites ce que vous ferez pendant vos vacances en utilisant l'infinitif donné. Attention aux **e** muets.

MODELE   se renseigner

Je me renseignerai.

1. se baigner

2. bricoler

3. se faire bronzer

4. flâner

5. lire

 CD5-26

C. Réjean et Réjeanne sont jumeaux. Elle fera tout ce qu'il veut faire. Donnez la réplique selon le modèle.

MODELE   Il veut devenir bachelier?

Elle deviendra bachelière.

1. Il veut devenir hôtelier?

2. Il veut devenir boucher?

3. Il veut devenir pâtissier?

4. Il veut devenir casanier?

5. Il veut devenir conseiller?

🔊 CD5-27

D. Qu'est-ce qu'ils feraient s'ils avaient le temps? Répondez aux questions selon le modèle. Attention aux **e** muets.

    MODELE   Roberta a rapporté sa revue?

                Si elle avait le temps, Roberta rapporterait sa revue.

    1. Rémi a roulé sur l'autoroute?

    2. Rita a remplacé ses freins?

    3. Rafaël a relu le roman?

    4. Renée a refait la randonnée?

    5. Renaud a réparé sa résidence secondaire?

Activités écrites

Structures et vocabulaire actif

🔊 CD5-28

Dictée

Le droit aux vacances? La longueur des vacances annuelles accordées aux travailleurs varie selon les pays. Vous allez entendre le passage suivant trois fois. La première fois, écoutez simplement, la deuxième fois, écrivez et la troisième fois, vérifiez attentivement votre texte.

_____

_____

_____

_____

_____

_____

_____

_____

_____

_____

A. Un petit test sur les vacances. Lisez chaque série de mots. Puis, indiquez le mot qui n'est pas logique.

MODELE   une auberge, un hôtel, *un séjour,* un gîte rural

1. se baigner   bricoler   faire de la voile   se faire bronzer

2. un rabais   un tarif réduit   une randonnée   un prix intéressant

3. les moyens   des vacances vertes   des vols-vacances   un forfait vacances

4. tout compris   forfaitaire   casanier   inclus

5. la mise au point   les pneus   les freins   la batterie

6. la réception   l'hébergement   un hôtelier   la pression

7. rouler   signaler   flâner   faire le plein

8. un dépliant   se renseigner   un acompte   le *Guide Michelin*

9. une auberge   une chambre d'hôte   un séjour   un gîte rural

10. un congé   une escale   des vacances   un jour férié

B. Vos projets d'été. L'étudiant(e) français(e) qui passe l'année scolaire dans votre université vous interroge sur vos projets de vacances. Complétez ses questions en mettant les verbes entre parenthèses au futur. Ensuite, répondez aux questions.

MODELE   Quand est-ce que les cours *finiront?* (finir)
          Ils finiront en mai.

1. Est-ce que tu _____ ton diplôme en mai? (obtenir)

   _____

2. Tes colocataires et toi, combien de temps est-ce que vous _____ sur le campus après la cérémonie
   de fin d'année? (rester)

   _____

3. Est-ce que tes parents _____ te chercher? (venir)

   _____

4. Tu _____ un voyage pendant l'été? (faire)

   _____

5. Quand tu _____ en France, _____ -tu me voir? (aller, venir)

   _____

6. Après t'être un peu détendu(e), _____ -tu pendant l'été? (travailler)

   _____

7. Qu'est-ce que tu _____ à faire en septembre? (avoir)

   _____

8. Et tes copains, que_____-ils pendant l'été? (faire)

   _____

9. Quand tu _____ le temps, tu m'_____, d'accord? (avoir, écrire)

   _____

10. Et dès que tu seras revenu(e) de vacances, tu n'_____ pas de me téléphoner tout de suite? (oublier)

   _____

C. Notre examen. Votre professeur annonce que l'examen de fin d'année est prêt et la classe veut lui poser des questions à ce sujet. Utilisez les termes de la liste suivante et former des questions au futur.

Termes: s'agir de, un amphithéâtre, apprendre par cœur, avoir lieu, commencer, consulter, les derniers devoirs, être, étudier, l'examen écrit, l'examen oral, une moyenne, la note finale, le repêchage, réviser, une salle de classe, terminer, traiter, les temps des verbes, les travaux pratiques

1. _____

2. _____

3. _____

4. _____

5. _____

6. _____

7. _____

8. _____

9. _____

10. _____

D. A la remise des diplômes. Vous rêvez de ce grand jour. Imaginez ce que vous ferez ou ce que vous aurez déjà fait et formez des phrases qui commencent par **quand**.

MODELES   *quand le grand jour / arriver*

   Quand le grand jour arrivera, je serai de très bonne humeur.

   Quand le grand jour arrivera, j'aurai déjà réussi à tous mes examens.

1. quand je / obtenir mon diplôme

_____

2. quand le président de l'université / faire son discours

_____

3. quand le photographe / prendre une photo des étudiants

_____

4. quand mes parents / me féliciter

_____

5. quand mes amis et moi, nous / se retrouver ce soir-là

_____

E. Que feras-tu? Votre ami français vous dit qu'il va bientôt passer son bac. Complétez les questions que vous lui posez sur son bac et son avenir en employant le futur (et futur antérieur, selon le cas).

1. Quand _____?

2. Est-ce que cet examen _____?

3. Est-ce que tu _____?

4. Où _____?

5. Dès que tes parents _____?

6. Qui _____?

7. Après que les étudiants _____?

8. A quelle université _____?

9. Quelle carrière est-ce que tu _____?

10. Combien d'années penses-tu _____?

F. Un entretien important. Pendant votre entretien d'embauche avec une entreprise qui a des succursales en France, vous devez parler pendant quelques minutes avec le chef du personnel. Répondez à ses questions par des phrases complètes.

MODELE   Si vous preniez ce poste, où voudriez-vous travailler?
          Je voudrais travailler à Lyon.

1. Seriez-vous prêt(e) à vivre et à travailler en France?

   _____

2. Partiriez-vous tout de suite?

   _____

3. Quel salaire aimeriez-vous avoir?

   _____

4. Voyageriez-vous pour l'entreprise, si c'était nécessaire?

   _____

5. Dans quels pays et régions francophones iriez-vous volontiers?

   _____

6. Où est-ce que vous n'accepteriez pas de voyager pour l'entreprise?

   _____

7. Est-ce que vous préféreriez travailler seul(e) ou en groupe?

   _____

8. Est-ce que je devrais vous envoyer des renseignements supplémentaires? Lesquels?

   _____

9. Auriez-vous la possibilité de commencer à travailler tout de suite?

   _____

10. Quand pourriez-vous me donner votre réponse?

    _____

Nom _____   Date _____

G. Une vie très différente. Il y a toujours des choses dans la vie qu'on aurait pu faire autrement. Complétez les phrases suivantes par le plus-que-parfait ou le passé du conditionnel, selon le cas.

> **MODELE**   Si j'étais né(e) il y a cinquante ans, *je ne serais pas allé(e) à l'université.*
> *J'aurais travaillé dans un restaurant.*

1. Si on m'avait donné un million de dollars, je / j'_____.

2. J'aurais changé d'université si je / j'_____.

3. Si mes parents me l'avaient permis, je / j'_____.

4. J'aurais bien voulu étudier en France si je / j'_____.

5. Si je n'avais pas étudié le français, je / j'_____.

H. Qu'est-ce qui se passerait... ? Pour chaque situation suivante, complétez la question de façon logique en utilisant le présent ou le passé du conditionnel.

> **MODELE**   Votre copain a peur d'échouer à son examen de maths.
> *Si tu ratais l'examen, est-ce que tu devrais reprendre ce cours l'année prochaine?*

1. Vous êtes dans le métro à Paris et vous voulez déterminer la façon la plus économique d'acheter un ticket. Si on voulait

   acheter un ticket, _____

   _____?

2. Vous êtes à Paris et vous devez décider s'il vaut mieux prendre le train ou l'avion pour aller à Marseille. Si je voulais aller

   à Marseille, _____

   _____?

3. Dans un hôtel à Paris, vous cherchez à avoir un prix spécial pour votre chambre. Si nous prenions une chambre dans

   votre hôtel, _____

   _____?

4. Vous êtes chez le garagiste et vous voulez déterminer le travail qu'il y a à faire sur votre voiture. Si je voulais faire réparer

   ma voiture, _____

   _____?

5. Vous êtes dans une agence de voyages et vous voulez savoir la différence de prix entre un voyage en avion et un voyage

   en train. Si je voyageais en avion plutôt qu'en train, _____

   _____?

I. Dans une agence de voyages. Après votre année scolaire à Nice, vous allez faire le tour de la France. L'agent de voyages s'adresse à vous. Complétez ses phrases par le temps convenable des verbes entre parenthèses.

MODELE   Il est certain que, quand vous serez de retour à Nice, vous *aurez* besoin d'un peu de repos. (avoir)

1. Quand le semestre _____, serez-vous libre de partir tout de suite? (se terminer)

2. Si vous étiez libre dès le 20 juin, _____-vous partir le 21? (vouloir)

3. Dès que vous _____ à Marseille, on aura une voiture de location réservée à votre nom. (arriver)

4. Si vous le _____, aimeriez-vous visiter Carcassonne? (pouvoir)

5. Quand vous passerez par la ville d'Albi, _____-vous à la cathédrale? (aller)

6. Quand vous visiterez la Bretagne et la Normandie, vous_____des promenades en bateau. (faire)

7. En allant de Rouen vers Reims, si vous le _____, vous devriez visiter la cathédrale d'Amiens. (pouvoir)

8. A Reims, vous aurez l'occasion de goûter du champagne quand vous _____ la visite des caves. (faire)

9. Si je _____ arranger une excursion, ça vous tenterait de visiter les champs de bataille de la Grande Guerre? (pouvoir)

10. Quand vous _____ à Strasbourg, il sera très facile de faire une petite excursion en Allemagne. (être)

11. Quand vous aurez fini votre voyage, vous _____ de nombreux kilomètres. (parcourir)

12. Au moment où vous serez de retour, vos amis _____ leurs vacances d'été. (terminer)

Nom _____ Date _____

J. Quelques voyages. Décrivez ces trois voyages en donnant les détails suivants.

Détails: les curiosités et les activités, la date de départ, la date de retour, la destination, la durée du trajet et du séjour, l'hôtel, les moyens de transport, les préparatifs

   1. Mon dernier voyage

   _____

   _____

   _____

   _____

   _____

   2. Mon prochain voyage

   _____

   _____

   _____

   _____

   _____

   3. Mon voyage idéal

   _____

   _____

   _____

   _____

   _____

K. Faites vos bagages! Regardez attentivement cette publicité qui vous invite à faire vos bagages pour partir en vacances. Et vous, quels sont vos projets? Faites votre propre liste de dix phrases en choisissant votre destination, les activités qui vous plaisent, les choses à emporter ou à acheter pour vos amis et vos parents, sans oublier ce que vous devez faire avant de partir. Vous utiliserez le futur simple pour tous les verbes que vous emploierez.

MODELES   *Je demanderai à ma voisine d'arroser mes plantes.*

   Mes parents se chargeront de venir chercher mon courrier.

   Je partirai passer un mois aux Caraïbes.

1. _____

2. _____

3. _____

4. _____

5. _____

6. _____

7. _____

8. _____

9. _____

10. _____

La rédaction par étapes

Ma vie dans 10 ans. Vous discutez avec un groupe de camarades de votre vie dans une dizaine d'années. En rentrant chez vous, vous décidez d'écrire tout ce que vous souhaitez devenir pour vous en souvenir plus tard et pouvoir comparer la réalité de votre future vie avec vos rêves d'aujourd'hui. Imaginez quelle sera votre future carrière, comment sera votre famille, votre cercle d'amis, quelles seront vos occupations favorites, quels sports vous pratiquerez, quels voyages de rêve vous ferez, quelles seront vos priorités.

Etape 1: Mise en train

A. Vous allez réfléchir à toutes les options professionnelles que vous avez aujourd'hui, à tous les projets d'avenir que vous chérissez depuis longtemps, aux personnes dont la carrière ou la vie en général vous inspire, à ce qui est important pour vous et doit passer avant toute autre considération, au pays dans lequel vous aimeriez vivre... Qui rêvez-vous d'être vraiment et comment pensez-vous réussir à accomplir ce rêve?

B. Faites une liste de toutes les possibilités qui s'offrent à vous et choisissez celles qui vous paraissent les plus attrayantes aujourd'hui en fonction de votre caractère et de vos qualités personnelles.

 C. Consultez quelques sites sur Internet pour vous renseigner sur certaines carrières possibles. Visitez virtuellement quelques pays de votre choix pour y examiner les possibilités de travail, les offres d'emploi, le taux de chômage, etc. Vous pouvez aussi lire quelques biographies dans certains magazines français pour y trouver le vocabulaire dont vous avez besoin.

Etape 2: S'exprimer par écrit

D. Maintenant que vous avez terminé votre liste et que vous avez vérifié le vocabulaire dont vous avez besoin, rédigez votre composition en suivant un plan très précis et en vous assurant que la progression des idées et les transitions soient logiques. Soyez aussi imaginatif / imaginative et sincère que possible en exprimant vos espoirs pour votre vie future. Vous utiliserez le futur et le conditionnel.

> Utilisez les rubriques suivantes dans le **Système-D:**
>
> **Phrases:** hypothesizing, expressing intentions, sequencing events
> **Vocabulary:** traveling, professions, working conditions
> **Grammar:** future tense, future past, present conditional, past conditional

🌐 Interaction cinéma: Pour aller plus loin

Le Chandail: **Court-métrage de Sheldon Cohen, Société de Production: Office National du Film Du Canada – 1980**

A. Avant le troisième visionnage. Utilisez le passé des verbes suivants pour compléter le paragraphe.

aimer	envoyer
avoir	être
commencer	faire
comprendre	recevoir
devenir	pouvoir
dire	prendre
écrire	répondre

Mon chandail des Canadiens de Montréal (1) _____ trop petit et il (2) _____ déchiré *(torn)* ici et là, troué *(with holes).* Ma mère m' (3) _____: «Avec ce vieux chandail, tu vas nous faire passer pour des pauvres!» Et elle (4) _____ ce qu'elle faisait chaque fois que nous (5) _____ besoin de vêtements. Elle (6) _____ à feuilleter le catalogue que la compagnie Eaton nous (7) _____ par la poste chaque année. Ma mère ne (8) _____ pas les formules de commande inclues dans le catalogue. Elles étaient écrites en anglais. Pour commander mon chandail de hockey, elle (9) _____ son papier à lettres et elle (10) _____ de sa douce calligraphie d'institutrice: «Cher Monsieur Eaton, auriez-vous l'amabilité de m'envoyer un chandail de hockey des Canadiens pour mon garçon, Roch, qui a dix ans et qui est un peu trop grand pour son âge, et que le docteur Robitaille trouve un peu trop maigre? Je vous envoie trois piastres et retournez-moi le reste s'il en reste. J'espère que votre emballage va être mieux fait que la dernière fois.» Monsieur Eaton (11) _____ rapidement à la lettre de ma mère. Deux semaines plus tard, nous (12) _____ le chandail.

B. Après le troisième visionnage. Répondez aux questions.

1. Où le film se passe-t-il? _____

2. Qu'est-ce que tous les garçons portent pour jouer au hockey?

   _____

3. Qui est Maurice Richard? _____

4. Qu'est-ce qui est arrivé au chandail de Roch? Que fait sa mère?

   _____

   _____

5. Qu'est-ce que Roch reçoit par courrier? Pourquoi est-ce qu'il ne l'aime pas?

   _____

   _____

6. Pourquoi Roch brise-t-il son bâton *(hockey stick)*?

   _____

C. A vous. Répondez aux questions.

En quoi consiste une déception? Quelle est la déception de Roch? Est-ce que vous trouvez sa réaction justifiée? Pourquoi ou pourquoi pas? Qu'auriez-vous fait à sa place?

_____

_____

_____

_____

_____

_____

_____

_____